大西安画传

王向辉／著

西　安　出　版　社

图书在版编目（CIP）数据

大西安画传 / 王向辉著.. — 西安：西安出版社，
2018.1（2021.4重印）

ISBN 978-7-5541-2959-3

Ⅰ.①大… Ⅱ.①王… Ⅲ.①文化史—西安—画册
Ⅳ.①K294.11-64

中国版本图书馆CIP数据核字(2018)第023508号

大 西 安 画 传

Daxi'an Huazhuan

著　　者：王向辉
项目统筹：屈炳耀
策划编辑：史鹏钊
特约编审：张永禄　朱士光
图片提供：西安中国画院
责任编辑：张增兰　范婷婷　邢美芳
责任校对：张忝甜
装帧设计：李南江
排版设计：纸尚图文设计
出版发行：西安出版社
地　　址：西安曲江新区雁南五路1868号影视演艺大厦11层
印　　刷：永清县晔盛亚胶印有限公司
开　　本：787mm×1092mm　1/16
印　　张：18.75
字　　数：150千
版　　次：2018年1月第1版
印　　次：2021年4月第2次印刷
书　　号：ISBN 978-7-5541-2959-3
定　　价：68.00元

△ 读者购书、书店添货或发现印装质量问题，请与本公司营销部联系、调换。
　电话：（029）68206213　68206222（传真）

序言

　　西安，历史上曾是我国西周、秦、西汉、隋、唐等13个王朝的首都，建都历史长达1133年，既是我国八大古都之首（另七个为北京、洛阳、郑州、安阳、开封、南京、杭州），也是世界五大古都之一（另四个为意大利罗马、埃及开罗、希腊雅典、土耳其伊士坦布尔），不仅在我国历史发展上发挥过重要作用，而且通过丝绸之路这一东西方之间重要的交通大道，对世界历史发展也有着重大影响，在世界史上一直以"东有西安，西有罗马"而举世闻名。

　　今日之西安，之所以往往被称为"大西安"，显然是因为我国历史上以她作为都城先后建立的西周、秦、西汉、隋、唐等王朝，都是大一统的政权，疆域广阔，国势强盛，在我国乃至世界历史发展进程中发挥的作用重大。还需指明的是，尽管今日之西安已不再是中国之首都，但作为我国西部经济、科技与文化重镇，当前在习近平新时代中国特色社会主义思想指引下，在我国全力建设社会主义现代化强国、实现中华民族伟大复兴的伟业中，承担的责任重大，发展的前景宏大。这其中当然也与西安作为我国一座重要古都，历史文化积淀十分丰厚有着密切关系。

作为世界东方文明古国中国的一座重要古都与丝绸之路东方起点城市，西安之历史文化论首当强调指出的，就有下述两个核心内容：

其一，西安是中华传统文化的源头与中心。具体而言，中华传统文化重要组成部分之儒、道、释（汉传佛学）就源于西安；或在西安繁荣兴盛，影响及于海内外。

其二，西安是中国古都文化荟萃地。具体而论，西周都城丰镐所体现的礼乐思想与制度，秦都城咸阳所彰显的法家治国理念，西汉长安城所突显的尊儒精神，隋大兴城与唐长安城所展示的儒、法、道、释等中外多元文化荟萃融合的博大气象等，均在中国古都文化乃至中华传统文化中占据突出地位。

正因为汇聚于西安地区的悠久绵长、丰富多彩的中华传统文化具有上述两个核心内容与特质，在当前我国举全国之力建设富有中国特色社会主义的小康社会之际，大力传承弘扬中国传统文化正是一大要务。西安在完成这一重大历史使命中责无旁贷。而在这一浩大工程中，既需要对博大精深的中华传统文化进行持续不断的开掘研究、阐释论述，还需要对之开展通俗化的普及宣传，使中华优秀传统文化广泛深入社会各阶层，使中外广大民众都能从中收到教益与启示。正是在这一历史时刻，西安市策划的《大西安画传》应时出版问世，回应了时代的呼唤，适应了历史的需要。

虽然《大西安画传》不是鸿篇巨著，但因 10 余万字精练畅达，又富有深意，加以配上的 30 多幅彩色历史画卷，图文并茂，形象传神，使读者既可意兴盎然地读懂读通，又可从中明史、识理、励志笃行。本书史学基础坚实，意丰文美；同时处处散发着对西安这片神奇热土执着的眷恋与热爱，因此对大西安所富含的源远流长、影响深远的民族文化追深探微、穷根究底，阐发精准。应该说，在这本《大西安画传》中，精神情感与学术追求实现了颇为和谐的统一。

本书虽非学术专著，却有着渊深的学术底蕴。全书分九个主要部分，对周、秦、西汉、隋唐都城规划建设和明西安城墙等物质文化成就择其精要加以讲述；记述了自西周初年以来3000 多年中发生在西安地区诸多重大事件，如武王伐纣、楚汉相争、黄巢起义及至近代的辛亥革命、西安事变等，对其来龙去脉均娓娓道来；对活跃于这一显要的历史舞台上的著名历史人物，如帝王中的周文王、周武王、秦始皇、汉武帝、唐太宗、唐玄宗，推行政治改革的周公旦、商鞅、宇文泰，能征善战的武将王翦、蒙恬、卫青、霍去病、李靖，一批特异的女性人物寡妇清、解忧公主、王昭君、杨玉环，以及儒学大擘董仲舒、张载，佛教大德玄奘、一行、空海、善导、道宣、鸠摩罗什，全真道开宗祖师王重阳与丘处机等加以生动介绍，除此之外，本书对一部分人物的功过是非也作了评述，引人深思；对古代西安地区的文化艺术，诸如《诗经》、汉赋、唐诗、瓦当、书法做了梳理，并对当代崛起的长安画派、文学名家以及大批精品剧作所取得的重大成就做了简要总结。

此外，在中外交流上，本书不单叙述了西汉张骞凿空之旅，还向前追溯到西周穆王之西游；不仅叙述了唐代玄奘之西行取经，也追溯了三国魏时朱士行之西行求法，充实丰富了丝绸之路开通历史之研究内容。

西安是一座 "文化圣都"，本书在尾声深情呐喊，期待西安实现凤凰涅槃般的伟大复兴。应该说，这一宏大愿景，既契合时代的脉搏，也是当今我国经济社会建设的实际需要。为达成这一目标，除文学艺术界外，还当动员西安地区的人文社会科学界，奋起直追，瞄准世界一流目标，除继续大力发展周秦汉唐史学、中国哲学史、中国思想史、中国语言文学、历史地理学、考古学外，还当以国际视野推动中国古都学与丝路学建设，为大西安的经济、社会、文化、生态建设全面发展发挥切实有效的作用，重振西安文化名城应有之气概，再现大西安繁荣昌盛之盛景。

朱士光

（陕西师范大学教授　中国古都学会名誉会长）

2017 年 10 月 28 日于西安南郊望秦书屋

目 录

天道西北

序篇

西安，古称长安，与罗马、开罗、雅典并称为"世界四大古都"，是中华文明体系的时空坐标之城。这里有"言念君子，温其如玉"的娴雅高贵，有"所谓伊人，在水一方"的柔情似水，有"终南何有？有条有梅"的文魂龙脉，有"岂曰无衣，与子同袍"的兄弟情深，有"何以赠之？琼瑰玉佩"的丰盛物产，有"秩秩斯干，幽幽南山。如竹苞矣，如松茂矣"的绝代风华……西安，承载着光阴和梦想，从有凤来仪到凤凰涅槃，写就了千年蜕变的城市传奇。

肇造中国

如果将中华历史往前推1100年，长安无疑是当之无愧的主角。

长达3000年的建城史、1100多年的都城史，长安给了我们这个民族数不清的骄傲与荣光。它曾经让周秦汉唐盛世在这里旭日初升、豪情绽放，曾经让秦皇、汉武、唐宗、女主在这里建功立业、指点江山，曾经让许平君、杨玉环在这里书写哀婉动人的爱情传奇，曾经让李白、杜甫、王维、白居易在这里举杯狂歌、文采风流。在漫长的陆地帝国时代，"得关中者得天下"成为经久不衰的战略口号。可以毫不夸张地说，长安这座城市铭刻了中华民族最为灿烂辉煌的记忆。

千余年的历史长河，虽然城头时常变幻大王旗，但不变的是中华民族对这座城市的情有独钟。先后在长安建都的有13个王朝，即西周、秦、西汉、新、东汉、西晋、前赵、前秦、后秦、西魏、北周、隋、唐。另外尚有西汉末年农民起义的刘玄更始政权、赤眉刘盆子政权，唐朝末年的黄巢大齐政权、明末的李自成大顺政权等数个短暂政权于此建都，可谓风云聚会、空前绝后。

长安不仅是中华文化诞生的摇篮，更是先民生生不息的人间乐土。若要追寻中华文化的道统本源，就必须用心来观照长安。

虽然考古学家苏秉琦先生提出了"满天星斗说"，表述了中华文明形成路径多歧多样的历史观点，但无法动摇的是，中华文明从本质而言仍然是大河文明，黄河仍然是当之无愧的中华民族文化第一摇篮，黄河文化之载体最核心者莫过于黄河岸边的这座城市——长安。

中华文化的道统被视为是儒、释、道三教合流的和谐文化。儒家所主张的礼乐政治恰恰来自于在长安建都的西周王朝，儒家思想的元圣周公也是长安人。佛教自传入中土，就在长安生根发芽，汉传佛教八宗中，六宗的祖庭都在长安，创派宗师善导、杜顺、玄奘、鸠摩罗什、道宣、善无畏、金刚智、不空都在长安这座城市讲经弘法。道教始祖黄帝、道祖老子都长期活动于长安这片神奇的土地。不仅人文初祖黄帝的陵寝在长安，老子也曾是周王室的"守藏室之官"。道教北宗全真教的祖庭楼观台、重阳宫都在长安，王重阳、丘处机都是道教中的一代宗师。

中华文化是德治和法治文化的王霸政治结合，正是在长安，中华民族发展史上出现的两个大一统盛世——周、秦孕育并建都。周确立了礼乐政治，以德治国；秦强调以法治国。周的统一，是封建贵族联合政体的胜利；秦的统一，是官僚中央集权政体的胜利。建都长安的这两个朝代，代表了中国文化以德治国和以法治国的基础两极，中国经此两个阶段，才终于如旭日一样出现在世界，成为东方世界的灯塔。

传统中国的基本面貌是政治上的中央集权大一统，经济上自给自足的小农经济模式，文化上的尊儒重孝，社会上的宗法家族机制，毫无疑问，这些政治文化基因都是在长安的周秦时代奠定的。"而今天下一统周，礼乐文章八百秋"，化家为国、移孝作忠从此融入中国人的血液。西周开创的礼乐政治成为中国文化的底色；千载犹行秦制度，大秦帝国确定的政治、经济模式得以延续千年中国社会。汉武帝时代的开疆拓土、文化一统，确立了中国的基本版图，西汉社会开创的儒学价值取向，更把中国打造成东亚文明的中心。

荀子以前，儒者西行不入秦，"诸侯卑秦，丑莫大焉"，但记载我国春秋历史的经典《左传》却有当时著名学者董叔的一句谶语："天道多在西北"，这种颇带神秘主义色彩的预言后来得以历史性地应验；"究天人之际，通古今之变"的伟大史学家司马迁在梳理尧舜夏商周上古历史的基础上更是发出感慨：

东方物所始生，西方物之成孰。夫作事者必于东南，收功实者常于西北！

大周凤鸣岐山，兴起于祖国西北，历经苦心东征，终于灭亡殷商，成就了开天辟地的旷古功业；秦人本源于东方，结果崛起于西北关陇，一路东进而完成分裂 500 多年后的大一统；斩白蛇起义的高祖刘邦本是东南人氏，最终定都西北长安，从而刮起了雄浑的大汉雄风。及至近代，就连红色的共产革命，也似乎是遵循着事起于东南、成功于西北的历史性规律。

《黄帝陵》　成文正绘

著名学者陈寅恪在《金明馆丛稿二编》曾言："取塞外野蛮精悍之血，注入中原文化颓废之躯，旧染既除，新机重启，扩大恢张，遂能别创空前之世局。"

根据陈寅恪先生的这一说法，隋唐盛世与关陇贵族的开创息息相关。

关陇贵族集团最早起源于战国时期的秦国，当时的代表人物有秦帝国的开国元勋王翦、李信、司马错等人，那时的关陇贵族似乎还只把注意力放在戎马倥偬之上，及至魏晋南北朝的百年动荡，中原衣冠文物蒙尘之际，关陇贵族集团在原有历史积淀的基础上横空出世，一飞冲天，延续了中国贵族阶层的血脉，并开创了一个前所未有的伟大时代，空前绝后地创造出四大接替的帝国，分别是西魏、北周、隋、唐，并以不可阻挡的锐气实现了数百年的中兴一统。

"天道多在西北"作为先民特有的意识形态，渗透进当时无数中国人的血脉。向往长安，心归长安，可谓千年经久不衰。

神州龙首

古人称赞长安是"关中者，天下之脊，中原之龙首也"。

人文初祖黄帝统一天下，奠定中华，肇造文明，是先民意识中最初的龙。中华民族自称是炎黄子孙，在今天的陕西黄陵县，每年都举行隆重的国家盛典，祭祀这位祖先。《史记》说黄帝有土德之瑞，据此，黄帝也可以从其谐音理解为"黄地"，这位人文初祖享有的尊荣应该来自于先民对西北地区土地的崇拜。

《史记·周本纪》为我们讲述了黄帝子孙繁衍生息的法则：

> 弃为儿时，屹如巨人之志。其游戏，好种树麻、菽，麻、菽美。及为成人，遂好耕农，相地之宜，宜谷者稼穑焉，民皆法则之。帝尧闻之，举弃为农师，天下得其利，有功。

践履巨人神迹的后稷母亲姜嫄娘家位于邰，在今天的陕西武功、扶风之地。这块泾渭下游的关中土地肥沃富饶，利于农耕。据考古发掘可知，武功郑家坡早周文化遗存以及漆水河下游发现的早周遗址都与古文献记载的邰地完全吻合，这些无不为我们证明了远古时代在这块神州沃土确实存在过原始的农业部族。

后稷（名弃）作为先周的始祖，受到周民族的推崇与爱戴。

他的功绩主要是"降播种，农殖嘉谷"，因"稷勤百谷而山死""有功烈于民"，而被中国人尊奉为农业的创立者。

正是从建都长安的西周开始，中国一直以农立国，安土重迁，故乡的温暖伴随着每个中国人的内心世界，这种农耕文明与西方的贸易文明迥异其趣。在漫长的岁月中，正是居住在长安这块土地的先祖们传授了中国人生生不息、种族繁衍的不二法门。

一直以来，秦岭被古人认为是文魂龙脉所在。秦岭山脉由西向东逶迤绵延，又向南拐了一个弯，在秦岭北麓形成了一个巨大的怀抱，长安就在这个怀抱之中；中华文化的蓬勃成长周秦汉唐也在此日益苗壮。

长安是一座被水环绕的山水之城。水是生命的源泉，如果说秦岭是长安的骨骼，渭、泾、沣、涝、潏、滈、浐、灞八条河流就是这座城市生命涌动的血脉。它们在西安城四周穿流，西汉文学家司马相如在著名的《上林赋》中赞叹："荡荡乎八川分流，相背而异态"。八水丰盈，让这座城市成为人间的天堂。

《史记·刘敬叔孙通列传》中，娄敬曾经对汉高祖刘邦这样陈述长安作为帝都的地理优势：

> 夫秦地被山带河，四塞以为固，卒然有急，百万之众可具也。因秦之故，资甚美膏腴之地，此所谓天府者也。……夫与人斗，不搤其亢拊其背，未能全其胜也。今陛下入关而都，案秦之故地，此亦搤天下之亢而拊其背也。

"搤天下之亢而拊其背"，多么传神，多么精妙！这个深谋远虑的政治家短短几语，便使长安城居高临下、提纲挈领的地缘战略优势一目了然了。

司马迁在《史记》中更详细描绘了长安的中央要害地位：

关中，左崤函，右陇蜀，沃野千里，南有巴蜀之饶，北有胡宛之利，阻三面而守，独以一面东制诸侯，诸侯安定，河渭漕挽天下，西给京师；诸侯有变，顺流而下，足以委输，此所谓金城千里，天府之国。

长安的外部世界正好是个隔绝的寰宇，北部是漫漫戈壁，难以逾越；西北方则是万里黄沙，天山山脉；西南有青藏高原，崇山峻岭。稳定而广阔的生存空间营造了安居乐业的基础，这里的统治者希望"有城郭之可守""赋税之可纳"；这里的老百姓希望长治久安，物华天宝。

这一切都造就了历史上长安国之中央的地位。长治久安、平和吉祥的诉求与"长安"这两个字与生俱来的默契，使得长安集万千宠爱于一身，成为独一无二的厚土福地。

近代以来，由于政治经济中心变迁，长安改名西安，13 个王朝的背影渐渐模糊，饱经沧桑的城市如今任重道远，励精图治，城市气质也愈加鲜明——美利坚合众国的总统访问中国，是从西安启程；丝绸之路的驼队向西悠悠远行，是从西安出发；西安的南大门随着金钥匙的转动而徐徐打开之际，新的中西文化交融圣境已经如旭日朝阳，磅礴而出了。

九九归真，本书用九个章节来梳理长安的文脉，用短短十余万言讲述"康阜咸宁，唯斯胜地"的长安风情，难免言不尽意，但"管中窥豹别有天"，从历史的片段聆听这座城市内心的呼唤，走向未来的脚步一定会更加坚实与自信。

乾

万年一统

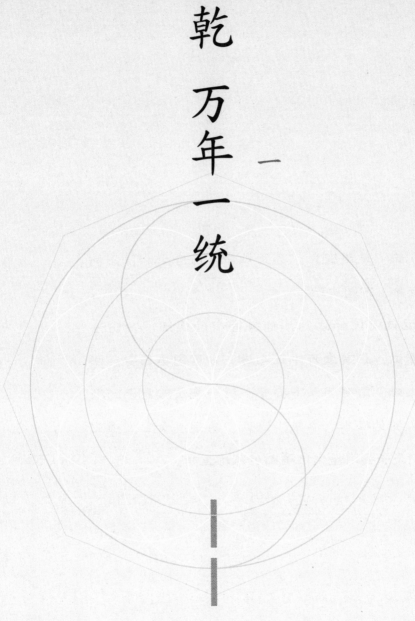

《彖》曰：乾道变化，各正性命，保合太和，乃利贞。首出庶物，万国咸宁。

天道运转变化的法则，都有固有的规律；宇宙浩瀚，道心幽微，只有秉行中正之道，方可国泰民安。阳气为万物之始，君明而天下安宁，统一是民族意识的凝聚、长治久安的根本。秦皇、汉武、唐宗、女主，功业不朽，他们是长安这座文化圣都的璀璨主角。

千古一帝

孟子与梁襄王对话，襄王问孟子："天下恶乎定？"孟子回答他："定于一。"当襄王继续问："孰能一之？"孟子回答："不嗜杀人者能一之。"春秋战国纷乱 500 年的大统一，是由秦始皇完成的；与孟子所想不同的是，秦始皇并非一个不嗜杀的君主。

> 岂曰无衣？与子同袍。王于兴师，修我戈矛，与子同仇！
> 岂曰无衣？与子同泽。王于兴师，修我矛戟，与子偕作！
> 岂曰无衣？与子同裳。王于兴师，修我甲兵，与子偕行！
>
> ——《诗经·秦风·无衣》

战国中期，坚持商鞅开创的变法路线，尊重人才，海纳百川的秦已经成为"七雄"中最具实力的强国。儒学大师荀子曾经亲自到秦国考察，在《强国篇》中写下了他的亲身见闻和心理感受，指出秦的强大是历史的必然：

> 其固塞险，形势便，山林川谷美，天材之利多，是形胜也。入境，观其风俗，其百姓朴，其声乐不流污，其服不挑，甚畏

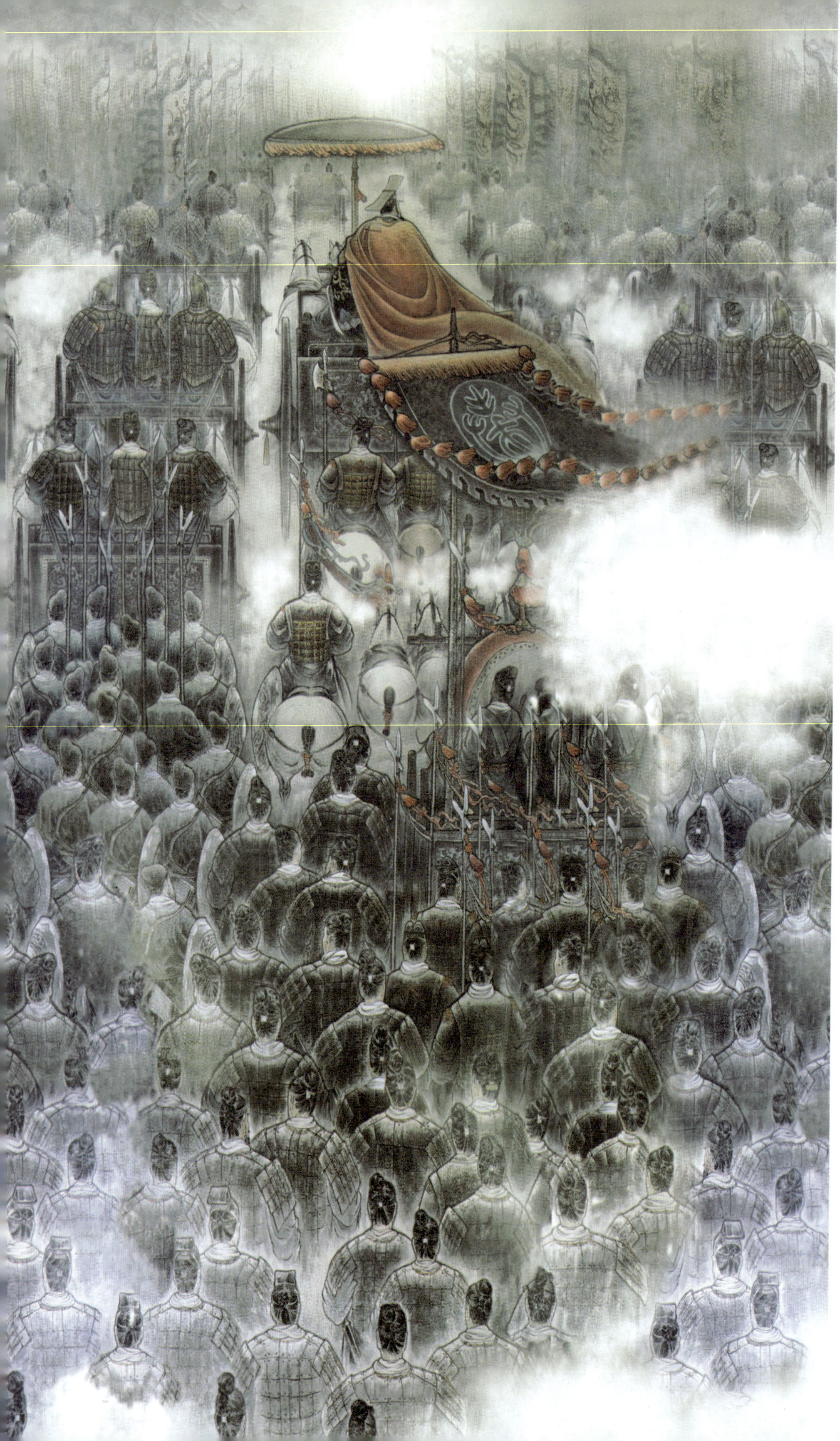

《千古一帝秦始皇》 雒建安绘

有司而顺，古之民也。及都邑官府，其百吏肃然，莫不恭俭、敦敬、忠信而不楛，古之吏也。入其国，观其士大夫，出于其门，入于公门；出于公门，归于其家，无有私事也；不比周，不朋党，倜然莫不明通而公也，古之士大夫也。观其朝廷，其朝闲，听决百事不留，恬然如无治者，古之朝也。故四世有胜，非幸也，数也。是所见也。

荀子看到了秦文化的积淀之厚，由衷地发出了"非幸也，数也"的感叹。秦的强大，诚如李斯在《谏逐客书》中所言的，正是秦拥有"泰山不让土壤，故能成其大；河海不择细流，故能就其深"的博大胸襟，以"上善若水"的虚心之态对外来文化兼容并包的结果。

统一天下，结束列国纷争的秦始皇素有"暴君"的恶名。秦始皇可以说是人类自信和伟大的巅峰，也是狂妄和无知的巅峰。

"始皇出世，李斯相之，天崩地坼，掀翻一个世界"，由此确立了中华民族的历史地位，让我们不得不仰视。他雄才大略，气吞山河；立志创新，前无古人，功绩可谓震古烁今。西汉儒生贾谊在《过秦论》中用斐然的文采描绘了始皇的千秋霸业：

及至始皇，奋六世之余烈，振长策而御宇内，吞二周而亡诸侯，履至尊而制六合，执敲扑以鞭笞天下，威振四海。南取百越之地，以为桂林、象郡；百越之君，俯首系颈，委命下吏。乃使蒙恬北筑长城而守藩篱，却匈奴七百余里；胡人不敢南下而牧马，士不敢弯弓而报怨。于是废先王之道，焚百家之言，以愚黔首；隳名城，杀豪杰；收天下之兵，聚之咸阳，销锋镝，铸以为金人十二，以弱天下之民。然后践华为城，因河为池，据亿丈之城，临不测之渊，以为固。良将劲弩守要害之处，信臣精卒陈利兵而谁何。天下已定，始皇之心，自以为关中之固，金城千里，子孙帝王万世之业也。

如今看来，秦始皇的功绩主要是"为万世立法式"。这突出表现在以下几点：

一、结束了自春秋以来的分裂局面，使得统一成为中华民族的主流精神。秦的统一，是开天辟地的，它不同于以前商周的统一，商周是血缘基础上的不成熟的早期国家，而秦则实现了血缘向地缘的跨越，实现了领土国家和中央对地方的绝对控制的统一。这种中央大统一，奠定了中国疆域的基础，自秦以来，这种统一模式成为历朝历代普遍追求的法式。

二、建构了皇权至上的专制主义中央行政体制。秦始皇设置三公九卿，地方上推行郡县二级体制，这个制度保证了中央的权威，实现了管治的大政府观念。以后的历朝历代，无不是在这个基础上有所损益而已，其核心和精髓自秦之后绵延千年。

三、推行了大一统的经济、货币、度量衡制度，使得重农抑商、小农经济模式彻底奠定，成为中华文明和西方文明迥然相异的经济结构。

四、加速了民族融合，保护了农耕文化圈。始皇修长城，北击匈奴，进军岭南，设置南海九郡，使得以农耕为主的中华文明圈得以形成。

五、推动了东亚格局的初步建立。徐福东渡日本，卫满在此后不久北进朝鲜，使得日、韩等东亚地带皆受中华文明影响，也使中国最早探知了世界地域。一些世界古代著作中，称中国为震旦，所指实为"秦"。

六、促进了民族心理结构塑造。秦始皇统一文字，奠定了秦以后文化大发展的基础，强化了文化的凝聚力，塑造了国人恒定的民族意识。

梁启超先生曾评价说："秦始皇宁为中国之雄，求诸世界，见亦罕矣。其武功焜耀众所共知不必论，其政治所设施，多有皋劳百代之概。……汉制什九皆承秦制……而治两千年来之中国，良未易出其范围……然则始皇可厚非乎哉？"

始皇帝时期，齐鲁一带儒学相当昌盛，一些儒生更被召入朝廷，官封博士。即使经历了焚书坑儒等危难时刻，到秦帝国灭亡之时，刘邦进军齐鲁，这里仍有儒生"诵习礼乐，弦歌之音不绝"。

秦始皇 13 岁登上秦王宝座，"王年少，初即位，委国事大臣"。当时儒学在秦帝国一度还处于蒸蒸日上的态势，这要归功于吕不韦。

吕不韦原先是个家境非常富有的生意人，而且是个眼光独到的生意人。他看透了政治也是生意，于是做成了秦始皇父亲子楚这件奇货可居的"大买卖"。吕不韦和子楚在这桩生意中都是赢家，子楚登上了秦王的位置，即庄襄王；吕不韦出任丞相，也得以展示自己在政治上的超人才能。在始皇初年，吕不韦号称"仲父"，实际上拥有君的政治权力。

吕不韦当政的10年，在军事和文化上对秦帝国做了非常全面的谋划。在军事上，主要是为秦国统一制定了作战方针。这10年间，秦每年都有对六国的战争，于是他建立东郡，使得秦国在齐、楚、韩、赵、魏五国间打进了一个强有力的楔子，切断了五国的同盟联系。文化上，则是试图给新帝国制定政纲。他组织人力编写了《吕氏春秋》，试图对先秦百家思想进行整合，从而为即将诞生的秦帝国完成文化准备。

《吕氏春秋》主张"德主刑辅"，对荀子的儒学做了深刻的阐述。荀子是韩非、李斯的老师，他的"礼乐王道"主张，基本上被吕不韦全盘吸收，《吕氏春秋》说："先王先顺民心，故功名成。"儒家"修身、齐家、治国、平天下""内圣外王"等思想也统统被吸收进《吕氏春秋》之中。

吕不韦对儒学积极吸收的态度对秦始皇产生了深刻的影响。

秦始皇是一个能够纳谏的人，并不是完全一意孤行的政治狂人。

始皇尝议欲大苑囿，东至函谷关，西至雍、陈仓。优旃曰："善。多纵禽兽于其中，寇从东方来，令麋鹿触之足矣。"始皇以故辍止。

——《史记·滑稽列传》

在粉碎嫪毐政变以后，秦始皇能够听从齐人茅焦的劝告，最终并没有治母亲的罪。在王翦要求统军 60 万灭楚，李信自言只需 20 万的情况下，始皇帝任用李信；当李信进军楚国受挫时，秦始皇又能够主动改正错误：

（始皇）自驰如频阳，见谢王翦曰："寡人以不用将军计，李信果辱秦军。今闻荆兵日进而西，将军虽病，独忍弃寡人乎？"

——《史记·王翦列传》

这时，王翦依旧要求出兵 60 万，秦始皇诚恳地回复他："为听将军计耳！"王翦还请求赐予王家美田宅地，始皇帝更是慷慨应允。他还接受李斯的劝阻，取消了"逐客令"。总体而言，秦始皇当政初期一直执行的是比较开明的文化政策。

秦始皇非常欣赏荀子的学生韩非和李斯。传说韩非的著作使始皇帝赞赏有加，认为有机会和韩非一起畅谈，自己的人生才更加圆满。

李斯原是底层的芝麻官，有一次，他看到大粮仓中的老鼠很是肥硕，而且无忧无虑，而厕所中的老鼠则又脏又臭，还有被捕杀的危险，于是顿悟到个人所处位置的关键作用。他怀着强烈的个人奋斗目的到秦国寻找机遇。最开始他只是吕不韦的门客，吕不韦对其赞赏有加，给了他仕途上的第一个机会。两人都是帝国统一大业的谋划者和实施者。

始皇帝在李斯的辅佐下，逐渐具备了一些法家的特征。秦始皇"刚毅戾深，事皆决于法，刻削毋仁恩和义"，而且相当勤政，每天批阅的文书简册折合今天的单位大约有 120 斤之多。

天下之事无小大皆决于上，上至以衡石量书，日夜有呈，不中呈不得休息。

——《史记·秦始皇本纪》

秦的灭亡，原因很多，首要因素是与新的政治经济制度相适应的思想理论还未完全建立；其次，始皇帝崩于沙丘，这个时候他还在巡守国土和孜孜追求长生的路上，并没有对失去自己的秦王朝做好任何意外规划，突然出现的政治真空让新生的秦帝国不知所措。而这个时候，通过宫廷政变上台的接班人秦二世，把秦王朝一把推进了万劫不复的深渊。另外，秦的灭亡，也和不知节制地滥用民力相关。秦始皇空前绝后的功绩，是建立在百万劳动人民的生命和汗水之上的。唐代曹松《己亥岁》说："泽国江

《曹禺〈兵马俑词〉》　倪超绘

山入战图，生民何计乐樵苏。凭君莫话封侯事，一将功成万骨枯。"在秦始皇建立无与伦比的大功业中，天下苍生付出的代价自然比这首诗描写的万骨更甚！"秦始皇作阿房而殃及其子，天下叛之，二世而灭。夫不度万民之力，以从耳目之欲，未有不亡者也。"

今天，西安的兵马俑和秦始皇陵，见证了这位千古一帝的非凡人生。

汉武雄风

汉武帝刘彻是继秦始皇之后又一位雄才大略的君主。汉武帝的时代，也是西汉王朝在政治、经济、文化和军事上的巅峰时期。

汉武帝 3 岁时封为胶东王，7 岁得以立为太子，年仅 16 岁就登上皇帝宝座，此后执政 54 年，是西汉在位最久的帝王。在位期间，他在政治上继承了秦始皇开创的中央大一统；经济上确立了重农抑商、发展生产的小农经济模式；在军事上，大汉帝国马踏匈奴、占领朝鲜，开拓出汉帝国最大的版图；外交上，则进行了西域凿空之旅；文化思想上，武帝独尊儒术，首创年号，可谓功业无与伦比。

据说，汉武帝出生就有母亲"梦日入怀"的传奇：

汉武帝的母亲王美人怀上汉武帝的时候，汉景帝还是太子，尚未登基。王美人梦见太阳进入她的怀中，于是私下告诉景帝这件神奇之事。与此同时，景帝也梦见汉高祖刘邦告诉自己，王美人生了孩子，可以给他起名"刘彘"。

刘彘是王美人唯一的儿子，开始并不是太子，当时景帝的长子、刘彘的异母长兄刘荣获封太子。刘荣的母亲栗姬善妒、跋扈，在后宫不可一世，而王美人却韬光养晦，极力亲善景帝姐姐、馆陶公主刘嫖，这无疑是小刘彘得以脱颖而出、荣登大宝的

《汉武大帝》 高民生绘

一大关键因素：

> 是时薄皇后无子，立栗姬子为太子。长公主嫖有女，欲与太子婚。栗姬妒，宠少衰，王夫人因令告栗姬曰："公主前纳美人得幸于上，子何不私谓长公主结之乎？"时诸美人皆因长公主见，得贵幸也。故栗姬怒不听，因谢长公主，不许婚。长公主亦怒，王夫人因厚事之。

因为刘荣母亲的政治短视，斤斤计较后宫那点争风吃醋的小事，结果得罪了皇帝姐姐；而刘彻的母亲王美人却八面玲珑，极力为小刘彻铺设未来之路。

志怪小说《汉武故事》记载有汉武帝小时候金屋藏娇的故事：

> 胶东王数岁，公主抱置膝上，问曰："儿欲得妇否？"长主指左右长御百余人，皆云"不用"。指其女曰："阿娇好否？"笑对曰："好，若得阿娇作妇，当作金屋贮之。"长主大悦。乃苦要上，遂成婚焉。

刘彻母子因得到与天子关系密切的馆陶公主的暗中帮助，从而在立储之争中逐渐取得优势。公元前 150 年春，汉景帝废栗太子刘荣为临江王，立刘彻为太子。

景帝死后，武帝登基，文景休养生息的政策已经获得成功，这为这位少年天子开疆拓土的更张战略奠定了基础，西汉面临着一次重大的社会转型。

在升平的表面景象下，西汉社会实已潜藏着严重的危机，急需有为之君起而进行大刀阔斧改革，制祸患于未发，防斯民于土崩；进而结束无为之治，乘仓实财饶之运，大兴文教，再建武功，在足食足兵基础上，去迎接儒家理想中礼乐教化的盛世太平。

汉武帝刘彻爱好文学，崇尚儒术，雄才大略，朝气蓬勃。他讲文治，修武功，北击匈奴，南抚百越，西通西域，东郡朝鲜。西汉帝国声威大振，号称极盛。

他在位时期也是西汉人才最盛的时期。《汉书》称赞说：

群士慕向，异人并出。儒雅则公孙弘、董仲舒、倪宽；笃行则石建、石庆；质直则汲黯、卜式；推（荐）贤则韩安国、郑当时；定令（制诰）则赵禹、张汤；文章则司马迁、相如；滑稽则东方朔、枚皋；应对则庄助、朱买臣；历数则唐都、洛下闳；协律（调制音律）则李延年；运筹则桑弘羊；奉使则张骞、苏武；将率则卫青、霍去病；受遗（托孤）则霍光、金日磾；其余不可胜记！

真是人才济济，群星灿烂，"汉之得人，于兹为盛"！

金日磾虽是匈奴人，但武帝却毫不为意，甚至特选他和霍光共同辅政，汉武帝识拔人才不拘一格，而金日磾也忠信诚勇，可谓 2000 年前兄弟民族友好合作的一段佳话。张汤打击豪强，定法制令，所以被斥为"酷吏"，最后被捕下狱，自杀身亡时，遗产仅有 500 金，且都是皇帝所赐，可见其虽然行事严酷无情，却还廉洁自守。

之所以群贤毕集，广得异材，与汉武帝本人雄才大略的感召力有关，是他求贤若渴、不拘一格选拔人才的直接效验。他经常性下令郡国及百官公卿举贤才、荐奇士，下令郡国立学校、修儒学。

汉武帝下诏征求治国方略，董仲舒脱颖而出。董仲舒的儒家思想大大维护了汉武帝的集权统治，为当时社会政治和经济的稳定做出了巨大的贡献。

为打击地方势力，限制地方经济，主父偃所上"推恩令"得到采纳，继续延续了晁错、贾谊等人的思路，将地方势力基本剪除。

在经济上，桑弘羊等制定了盐铁专卖和算缗、告缗的新经济政策，增加了中央财政收入，抑制了商业和地方豪强的膨胀。

而在外交上，不再以和为贵，而是动用铁血政策，数次大规模远征匈奴，致力于开疆拓土。

武帝的时代，因此最为璀璨辉煌。

武帝空前的文治武功备为后人所歌颂。"茂陵烟雨埋冠剑，石马无声蔓草寒"，清代徐开熙也赞叹"英雄从来只数君"。

唐王开基

　　由于隋炀帝滥用民力，三征高句丽失败，激起民变，以李密为首的瓦岗军、窦建德为首的河北义军相继起事，隋朝统治土崩瓦解。屯驻晋阳的李渊把握时机，在其子李世民、李建成等人的协助下，诛杀监军，挥师长安，于大业十三年（617年）十一月攻占京师。次年，李渊称帝，国号大唐，年号武德。东汉《白虎通德论》里说："唐，荡荡也。荡荡者，道德至大之貌也。"

　　李渊本为唐国公，封地太原在西周时代是唐尧后裔的封地。尧是圣德，唐是美号，李渊以帝尧为榜样，以"唐"为国号，是希望自己成为帝尧一般的仁君圣王，希望自己缔造的唐朝以德立国，道德至大，成为唐尧时代一样的太平盛世。

　　而他的继承者显然并没有让他失望。

　　李世民也许是长安历史乃至中国历史最值得关注的皇帝，他的名字的意思是"济世安民"，其人功业如其名。他开创了贞观之治，有虚怀若谷、从谏如流的美名，是历史上少有的开明而有为的君主，"功大过微，故业不堕"，为后世明君之典范。秦皇、汉武、唐宗、宋祖也被并列为旷世的英雄人物。

　　李世民在唐初被册封为秦王，统军消灭反唐势力，兵权在握，以机警聪慧著称。唐朝建立以后，为统一全国，先后进行了六次大的战役。这六大战役中，有四次是由李世民指挥的，可谓战功赫赫，功莫大焉，李世民因此威望日隆。当时高祖在长安做了 7 年皇帝，削平了薛仁杲、刘武周、窦建德、王世充等割据势力。

外患已除，内忧纷起。李世民本是高祖李渊次子，依照嫡长子继承制度是不可能当上皇帝的，但他功名日盛，与太子李建成明争暗斗，旷日持久。武德九年（626 年）夏，秦王李世民先发制人，发动玄武门之变，射杀太子李建成，部将尉迟恭杀死齐王李元吉，其后李世民势力控制长安。李渊困扰于人伦丧子的失落与伤感，遂禅让帝位。李世民继位，称唐太宗。

玄武门之变导致政局不稳，东突厥伺机入侵，一度攻至距首都长安仅 40 里的泾阳（今陕西咸阳泾阳县），京师震动。此时，长安兵力不过数万，刚刚即位的唐太宗李世民被迫设疑兵之计，亲率高士廉、房玄龄等 6 骑在渭水隔河与颉利可汗对话，怒斥颉利、突利二可汗背约。《唐语林》记载，唐太宗"空府库"赠予颉利可汗金帛财物，以求突厥退军，史称"渭水之盟"，以怀柔之策安定了局面。

即位之后的太宗强调以民为本，常说："民，水也；君，舟也。水能载舟，亦能覆舟"，因此轻徭薄赋，与民休息，使得社会出现了牛马遍野，百姓丰衣足食，夜不闭户，道不拾遗，和谐安定，其乐融融的局面。据载，贞观四年（630 年），全国执行死刑者才 29 人，几乎达到垂衣裳而天下大治的局面。

《玄武·止武》（局部） 范朋杰绘

唐太宗善于用人和纳谏，这既是"贞观之治"形成的原因之一，也是"贞观之治"的内容之一。他重用房玄龄、杜如晦、魏徵、长孙无忌等能臣。太宗在位 20 多年，进谏的官员不下 30 余人，其中仅大臣魏徵一人所谏前后即达 200 余事、数十万言，皆切中时弊，对改进贞观朝政很有帮助。

太宗十分注重人才的选拔，严格遵循德才兼备的原则。太宗认为只有选用大批具有真才实学的人，才能实现天下大治。因此他求贤若渴，曾先后 5 次颁布求贤诏令，并增加科举考试的科目，扩大应试的范围和人数。一次他看见大批的人员涌入科举考场，不由慨叹："天下英雄，入吾彀中矣！"贞观一朝，"人才济济，文武兼备"。

贞观年间是唐朝拓边获胜最多的时期，依次取得了对东突厥、吐蕃、吐谷浑、高昌、焉耆、西突厥、薛延陀、高句丽、龟兹用兵的胜利，奠定了唐朝近 300 年的基业。颉利可汗是有史以来第一个被中原军队活捉的草原汗国最高统治者。贞观四年（630 年），由李靖挂帅，唐军出击定襄，痛歼突厥，活捉颉利可汗，东突厥灭亡。史载："（贞观十四年）唐地东极于海，西至焉耆，南尽林邑，北抵大漠，皆为州县，凡东西九千五百一十里，南北一万九百一十八里。"

武功赫赫的唐太宗李世民并没有骄傲自满，而是奉行民族平等的大团结政策。太宗曾说："自古皆贵中华，贱夷狄，朕独爱之如一。"由于他的积极努力，四海之内皆望风慕化，以唐为荣。

在大唐，他们不但同唐人一样可以自由自在地生存，还可以做官。著名的少数民族将领阿史那思摩、执失思力、契苾何力、黑齿常之，乃至后来的高仙芝、李光弼等都为唐朝盛世做出了杰出贡献。

唐太宗时期，在西域设立了安西四镇，进一步打通河西走廊，推动了丝绸之路的畅通繁荣，有效促进了中西文化交流与经济发展。他在位期间，文成公主卜嫁吐蕃，开发西藏并促进了当地发展，加深了汉藏人民的密切联系，李世民也被四方诸部尊为"天可汗"。

陕西礼泉出土的李世民陵寝昭陵内陪葬有六匹石刻骏马浮雕像，即著名的昭陵六骏，见证着李世民戎马倥偬、横扫天下的豪情。

一贯严谨的司马光在百年之后赞叹："太宗文武之才，高出前古。盖三代以还，中国之盛未之有也。"苛刻的台湾学者柏杨在他撰写的《中国人史纲》中赞叹："李世民大帝是中国最杰出的英明君主之一，他用他高度的智慧，殷勤而小心地治理他的帝国，不久就为中国开创了一百三十年之久的第二个黄金时代。"

自从盘古开天辟地，唐太宗李世民成为中国历史中被称颂崇拜的人物，固由于他的勋业，也由于他本身的美德。他治理国家的一言一行，都成为后世帝王的轨范。

《文成公主进藏》 丁素玫、石晓伟绘

则天女皇

　　自古以来，中国的天子都是男子来做的。上千年的历史长河中，虽然有吕雉、慈禧等人的垂帘听政，但毕竟是在幕后运筹，走到台前，成为空前绝后的一代女皇的，只有武则天一人。

　　据说武则天尚在襁褓中时，因穿着男孩衣裳，有位著名的相士看到后感慨说："龙瞳凤颈，极贵验也！"又说："可惜是个男子，若是女子，当为天下主！"

　　武则天祖籍山西文水，生于长安，14岁时入宫，成为李治父亲李世民的才人。

　　唐太宗晚年，有一则谶谣在长安城闹得沸沸扬扬："当有女武王者。"太宗对此谶谣十分忌讳。当时朝廷有一大臣李君羡，武安人，封武连郡公、左武卫将军，守护玄武门。太宗请武官夜宴，行酒令时各报自己小名，轮到李君羡时，众人皆笑，原来李君羡小名"五娘子"。宴罢，太宗缓过神来，深感恐惧。因为李君羡的籍贯、封地、官名、守卫地，都有"武"字，小名又如女人，于是找了个借口，把李君羡处死了。李君羡就这样做了武则天的替死鬼，让这位中国历史上唯一的女皇帝躲过了劫难。

　　当然，历史的天平向武则天倾斜并非完全偶然。刚入宫时的武则天便风采卓然，通过《资治通鉴》记载的故事即可略见一斑：

太宗有马名狮子骢，肥逸无能调驭者。则天言于太宗曰："妾能制之，然须三物：一铁鞭；二铁挝；三匕首。铁鞭击之不服，则以挝挝其首；又不服，则以匕首断其喉。"

狮子骢乃吐蕃新贡的一批千里良驹中的一匹烈马，最是桀骜难驯，武媚娘纤纤弱质，却主动请缨为太宗驯马，态度果决，手段极端。太宗惊曰："诚如卿言，良驹不亦被卿刺死耶？"媚娘则不紧不慢解释道："良驹骏马，可为君主乘骑，驯服则用之，驯不服还要它何用？"

这个刚毅的女人在侍奉太宗期间，与即将接班的李治建立了感情。高宗李治是一个孝顺仁弱的君主，今日西安的大雁塔慈恩寺就是李治为纪念自己的母亲长孙皇后建立的。当初，太子李承乾和四皇子李泰为上位争得两败俱伤，结果渔翁得利，唐太宗在病榻前将帝位传于本性谦和的李治。李治即位以后，年号"永徽"，秉承父亲遗志，与民休息。老臣李勣（徐懋功）、长孙无忌、褚遂良共同辅政。君臣都牢记太宗的遗训，奉行不渝。高宗诚心纳谏、爱民如子，即位时即对群臣宣布："事有不便于百姓者，悉宜陈，不尽者更封奏。""自京官及外州有献鹰隼及犬马者罪之。"高宗有知人之明，他身边诸多贤臣，辛茂将、卢承庆、许圉师、杜正伦、薛元超、韦思谦、张文瓘、魏元忠等人多是由其亲自擢拔，真正做到了"人能尽其才，货能畅其流"。高宗君臣萧规曹随，朝野大治。高宗时期，大唐的版图广陌千里，史称最大。

虽然治国的成绩辉煌，但高宗一直生活在父亲的巨大阴影之下，老臣辅政的尴尬、高处不胜寒的孤寂，给武则天走入他的生活提供了机会。李世民死后，武则天进入感业寺为尼。初即位的高宗不忘旧情，将武则天接回宫中，宠爱备至。武则天相继击败萧淑妃、王皇后，登上后位。

面对朝廷以长孙无忌、褚遂良为首的元老大臣，唐高宗感到权力受到很大限制，非常希望能够重振皇权。于是，武则天成为高宗的政治盟友。这对夫妻采用先易后难的策略，先后罢黜了褚遂良、韩瑗，最后剪除了长孙无忌等老臣势力，基本实现了君主集权。

此后，武则天开始与高宗并治天下，自称"天皇""天后"，"二圣临朝"。她给自己起名"曌"，也就是日月凌空的意思。在这之后，高宗身体每况愈下，"大事一决于武后"，武则天一步步登上了权力的巅峰。

载初元年（690 年），武则天正式称皇帝，为了体现她的权力来自上天，改国号"周"，改元"天授"，并特别将洛阳作为"神都"。

武则天重视农桑，秉持太宗、高宗时期的"与民休息"国策。早在称帝之前，她的施政纲领"建言十二事"首要方面就是施恩百姓，切实减轻农民负担；劝课农桑，轻徭薄赋；停止对外

`

作战，减少公共工程。因此在其执政的半个世纪中，社会经济快速发展，户口数从高宗时期的 380 万户增长到 615 万户。

为了维护统治，武则天一方面大肆任用酷吏打击反对派，如来俊臣、周兴即以随意诬陷、执法严酷而闻名天下。同时她广弘佛法，大修庙宇，使得"土木之功、黄金之饰"糜烂。

另一方面，武则天又知人善任、广纳贤才。名相狄仁杰、娄师德，"开元贤臣"姚崇、宋璟，都是武则天这个伯乐相中的"千里马"，当时的朝堂号称"君子满朝"。她还开创武举、试官等，让大批出身寒门的子弟有鱼跃龙门的途径。

武则天不仅在书法上自成一格，而且在文字上进行大胆改革，增减前人笔画，创造了 19 个汉字，其中部分文字还传到日本、韩国，甚至成为某些日本人的人名用字。开元、天宝年间"五尺童子耻不言文墨焉"的社会重学风气，就是武则天奠定的。

历史对武则天的评价是中肯的。《资治通鉴》称颂她"政由己出，明察善断，故当时英贤亦竟为之用"，有贞观之治、永徽之治的遗风，更为唐玄宗的"开元盛世"打下了基础。宋代文豪洪迈以为武则天的功业可与汉武帝媲美；清代著名学者赵翼评价武则天是"女中英主"；毛泽东也曾感慨说道："武则天确实是个治国之才，她既有容人之量，又有识人之智，还有用人之术。"

史书记载，武则天曾梦见一鹦鹉两只翅膀莫名其妙地折断，怎么也飞不起来，醒来后很是疑惑，遂召狄仁杰前来解梦。狄仁杰告诉武则天，鹦鹉乃陛下您自己，两只翅膀折断是因为您废黜了中宗李显和睿宗李旦，如果您能恩惠起复这两位李唐皇子，您的江山才能稳固而高飞。因此武则天在晚年放松了对李唐王室的迫害，为后来的归政李唐做了准备。

武则天晚年生活糜烂，下令"选美少年为左右奉宸供奉"，张易之、张昌宗兄弟因男宠身份而迅速崛起，把持朝政。神龙元年（705 年），张柬之、桓彦范等人发动"神龙政变"，诛杀张氏兄弟，逼迫武则天退位，恢复李唐国号。武则天丧失了所有的权力，也于同年冬郁郁而终。

武则天死后与唐高宗合葬于乾陵，她的陵墓前有一通未着一字的无字碑。为何女皇的墓碑不着一字，至今依然没有历史定论。

开元时代

九天阊阖开宫殿，万国衣冠拜冕旒。

王维的诗歌形容的正是唐玄宗时期的盛唐气度。

忆昔开元全盛日，小邑犹藏万家室。稻米流脂粟米白，公私仓廪俱丰实。九州道路无豺虎，远行不劳吉日出。齐纨鲁缟车班班，男耕女桑不相失。

杜甫的这首诗歌也再现了华丽奔放、物阜民安的盛唐气象。

大唐从并州起事，依靠关陇政治集团，扫平雄踞河南的"郑王"王世充等势力后，天下归于一统。从唐高祖起，唐统治者就兢兢业业地继承和发展着历朝社会的先进成果，尤其是短命的隋王朝的先进制度。历经高祖武德恢复，太宗贞观之治，高宗、武后的承前启后，传到第七个皇帝李隆基肩头，已经开国90余年。李隆基在先辈的基础上，把唐王朝的强大和富庶推到了历史的巅峰，开创了震古烁今的"开元盛世"。

李隆基是唐睿宗李旦第三子，少有英名，自诩"阿瞒"，武则天虽打击李唐宗室，但对他却"特加宠异之"。武则天死后，

《开元盛世》（局部）　任西宁绘

中宗李显虽然光复了大唐江山，但他懦弱昏聩，韦后与其女安乐公主作乱，最终将他毒死。在太平公主的协助下，李隆基发动"唐隆政变"，诛杀韦皇后。其后几年，李隆基又剪除太平公主的庞大势力，于713年改年号开元，以此昭示自己励精图治，再创唐朝伟业的壮志雄心。

玄宗在用人上讲求开放与审慎结合的态度。《新唐书·刑法志》说："玄宗自初即位，励精政事，常自选太守、县令，告诫以言，而良吏布州县，民得安乐。"在治国上，首要的措施就是精选辅佐干才。李隆基最为器重姚崇、宋璟。姚崇多谋善断，他曾向玄宗提出"十事要说"，包括勿贪边功、广开言路、奖励正直大臣、勿使皇族专权、勿使宦官专权等，堪称"开元之治"的施政纲领。宋璟为人耿直，为政期间，直言上谏、不数私恩、严于律己，连一向挑剔的宋代大学者司马光也衷心赞叹："姚宋相继为相，崇善应变成务，璟善守法持正，二人志操不同，然协心辅佐，使赋役宽平，刑罚清省，百姓富庶，唐世贤相，前称房杜，后称姚宋，他人莫得比焉"。玄宗重用的其他人如张九龄、张说等，亦皆是文武双全，一时俊杰。

为应对边疆战事，开元十一年（723年），唐玄宗接受宰相张说的改革主张，建立"雇佣兵"。从关内招募军士12万人，充当卫士，这就是"长征健儿"。

为彻底解决军粮问题，玄宗扩充屯田范围，在西北和黄河以北地区大力发展屯田，增加粮食产量。继而发动平叛战争，重建安北都护府，将长城以北土地牢牢控制在中央手中。

他曾册封粟末的大祚荣为"渤海郡王"，设渤海都督府和黑水都督府，封南诏的皮罗阁为"云南王"，封回纥的骨力裴罗为"怀仁可汗"，使得少数民族部落纷纷内附。

玄宗致力于经济建设。为增加国家收入，打击豪强，实行了检田括户的举措。任命宇文融为全国的覆田劝农使，下设十道劝农使和劝农判官，分派到各地去检查被隐瞒的土地和包庇的农户，然后把检查出来的土地一律没收，再分给农民耕种。这些举措严厉有效，使得开元年间的经济实现了腾飞。

由于贤人政治的良好运行，从开元八年（720年）以后，社会出现了"五谷丰殖，万物阜安，百姓无事，与能共华"的勃勃生机。《新唐书》赞赏说："方其励精政事，开元之际，几致太平，何其盛也！"这一点连西方史学家崔瑞德在《剑桥中国隋唐史》中也予肯定："这是一个巩固的时代，一个明智地运用皇权的时代，一个克制的时代，尤其是一个没有对外进行劳民伤财和野心勃勃的冒险行动的时代。"

《盛唐广运潭》（局部） 王犇、蔡学海绘

坤 厚德載物

二

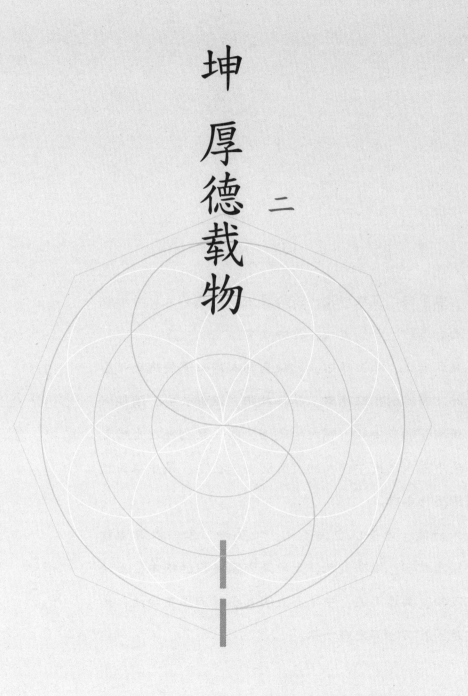

《象》曰：至哉坤元，万物资生，乃顺承天。坤厚载物，德合无疆。含弘光大，品物咸亨。

皇天后土，故乡情结，无疑是国人内心深处挥之不去的梦幻。西安的丰镐两京，秦都咸阳，汉都长安，隋朝大兴，唐帝国的长安城，明代的城墙，这一系列地理坐标无一不是中国人历史中伟大的"巴别塔工程"，是中华民族前进的不朽丰碑。

天行健，君子以自强不息；地势坤，君子以厚德载物。康阜咸宁，惟斯圣地。土地是国家建设的根本，土地载育万物，美德无边，中华历史因其承载而厚重绵延，先民智慧因其有容而光耀千秋。

丰镐两京

夏代文献不足，背影模糊；商因有甲骨文等实证材料的出土而形象丰富一些，但对后人而言依然是神秘与冰冷。唯有到周，中华道统的特质才真正色彩鲜艳生动起来，周的微微烛火燃起了中华民族温暖家园的明灯。

《尚书》说"周虽旧邦，其命维新"。周在金文中是农田的象形，字形上已经完美体现出中国社会家国合一的农耕文明特质。而家国合一正是中国社会长治久安的秘诀。

如果将蓝田猿人看作长安这片土地的文明源头，半坡、姜寨遗址是史前文明的两颗璀璨明珠，那么丰镐两京无疑是长安这座城市划时代的启明星。

《周礼》记载，当时的丰镐两京"方九里，旁三门，国中九经九纬，经涂九轨，左祖右社，前朝后市"，气势堪称恢宏。

在今天西安城区西南 12 千米的沣河东西两岸的长安区马王街办境内，坐落着周文王的丰京遗址和周武王的镐京遗址，这里就是历史上著名的丰镐两京所在地。作为西周王朝的政治、经济与文化中心，及长安作为都市出现的开始，周如磅礴的红日，在这里冉冉升起。

在沣水边上，文王励精图治。"文王受命，有此武功，既伐于崇，作邑于丰"，在灭掉沣河流域的古国崇以后，文王大力经营了丰京。

丰京遗址在今西安市长安区客省庄、马王村和新旺村一带，考古发现有大型建筑群的遗址，其中心区是最大的夯土基址，坐北向南，东西长 61.5 米，南北最大进深达 35.5 米，总面积约为 1826.8 平方米。在今长安区的灵沼乡，有著名的灵台遗址，这是文王在丰京得到民众衷心拥戴的历史印记。《诗经·灵台》有对灵台昔日故事的生动描述：

经始灵台，经之营之。庶民攻之，不日成之。

经始勿亟，庶民子来。王在灵囿，麀鹿攸伏。

麀鹿濯濯，白鸟翯翯。王在灵沼，于牣鱼跃。

虡业维枞，贲鼓维镛。于论鼓钟，于乐辟雍。

于论鼓钟，于乐辟雍。鼍鼓逢逢。矇瞍奏公。

这首诗勾勒了当时周部族从"周原膴膴，堇荼如饴"的岐山地区迁徙到丰地以后社会的昌明和谐。等到文王去世的时候，周已经"三分天下有其二"了。

镐京遗址在距此不远的斗门镇花园村、普渡村至落水村、眉乌岭一带的高冈地带，与丰京隔沣水相望。考古发现有平面呈"工"字形的大型宫室遗址，中央主体建筑南北长 59 米，东西宽 23 米，南北还有规模相当、对称分布的两组附属建筑群。

中国历史上第一场革命——武王伐纣，就是从这里出发的。

《诗经·文王有声》对这个阶段的时局和丰镐两京有形象描述：

文王有声，遹骏有声。遹求厥宁，遹观厥成。文王烝哉！

文王受命，有此武功。既伐于崇，作邑于丰。文王烝哉！

筑城伊淢，作丰伊匹。匪棘其欲，遹追来孝。王后烝哉！

王公伊濯，维丰之垣。四方攸同，王后维翰。王后烝哉！

丰水东注，维禹之绩。四方攸同，皇王维辟。皇王烝哉！

镐京辟雍，自西自东，自南自北，无思不服。皇王烝哉！

考卜维王，宅是镐京。维龟正之，武王成之。武王烝哉！

丰水有芑，武王岂不仕？诒厥孙谋，以燕翼子。武王烝哉！

丰京和镐京，是周王朝承前启后的杰作，在沣水流域拔地而起，开启了家国天下的历史征程。丰镐两京是周之先王奋发有为的根据地，也是大周王朝如旭日东升的摇篮。这里曾经有高大的城墙、巍峨的离宫，更有着"四方大同"的雄浑气魄！

西周的肇造是"旧制度废，新制度兴"的划时代巨变，可以毫不夸张地说，这个历时 800 年的王朝用无限的智慧确定了中国在此后漫长岁月的基本走向。

周王朝提出的"敬天保民""明德慎罚""民为邦本"等治

国思想无不散发着巨大的魅力。周用"尊尊、亲亲"为核心的宗法制度，巧妙地把血缘家族推导为家国合一的崭新政权模式，让家国意识成为中国人身上永不褪色的印记。

历史久远，我们虽无法还原周文王在丰京"日中不暇食以待士"的风采及武王在镐京鞠躬尽瘁的日日夜夜，但是只要用心，依然能够触摸得到文王出师未捷身先死的悲壮、武王初定天下的诚惶诚恐及周公摄政辅佐的忠诚勤勉。

打江山易，坐江山难，如何长治久安是令周王朝统治者夙夜不寐的心事，他们最终把"民心"和"德治"作为解决疑难的钥匙。周人领袖的高瞻远瞩穿透了千年时光，他们铸造的这把钥匙可以开启中国 3000 年以来的政治密码箱。

"而今天下一统周，礼乐文章八百秋"，正是在沣水边上、镐京城里，周代先王们励精图治，带给了长安一个文治斐然的大周王朝。

成王、康王也是在丰镐故地取得中国历史上第一个治世的。司马迁称赞："成康之际，天下安宁，刑措四十余年不用！"那是一个伟大的时代，昭王由此南征长江而不归，穆王从此乘八骏而西游，辟远开疆！

吕望是一个年迈的政治领袖，他被民间俗称"姜太公"，今天的长安地区农村，盖房挖地基的时候，主人总要虔诚地找来红纸，用毛笔写上"姜太公在此，诸神退位"的牌位。漫长的历史长河中，老百姓把这位周王朝的开国元勋当成了神仙，并交口传颂托名于他的《乾坤万年歌》，正说明周的文化血脉依然存留于当代社会的许多方面。

丰镐故地的每一块黄土都是当年西周王朝肇造的根基，丰镐两京带给天下 3000 年基本不变的大格局，带给世界一个道统不绝的中国。

秦都咸阳

代周而起的大秦帝国，建都咸阳，正在距离丰镐旧都不远之处。

中国传统文化中，山南水北被视为阳。新的大秦帝国，被认为属五行之中的水德，山助水势，方能波涛汹涌，帝国统治者们选择的新都咸阳位于九嵕山之南、渭河之北，山水俱阳，天地正气。

秦之崛起，也是由西向东，和周人的道路何其相似！秦的统一，因之于秦的江海胸襟，它最初获得的土地，就是被周文化浸润近300年的关中沃土。依靠关中，秦帝国才奏响了东进中原、天下一统的雄浑乐章。

秦人是在孝公十二年（前350年）开始营建咸阳城的。最初选址在渭河北岸，但随着国力的蒸蒸日上，咸阳城越过了渭河，向南岸拓展，最终横跨渭水两岸，这和西周丰镐两京的情况如出一辙！

六王毕，四海一。500多年方实现大一统的崭新帝国，其咸阳宫殿群在营建上吞吐江山，兼具四海五湖的宏大多样风格。唐代大诗人杜牧在《阿房宫赋》中用华丽的辞藻，气势恢宏的排比、对偶句式描述了秦国宫殿阿房宫的巍峨壮阔：

　　六王毕，四海一。蜀山兀，阿房出。覆压三百余里，隔离天日。骊山北构而西折，直走咸阳。二川溶溶，流入宫墙。五步一楼，十步一阁。廊腰缦回，檐牙高啄。各抱地势，钩心斗角。盘盘焉，囷囷焉，蜂房水涡，矗不知乎几千万落。长桥卧波，未云何龙？复道行空，不霁何虹？高低冥迷，不知西东。歌台暖响，春光融融。舞殿冷袖，风雨凄凄。一日之内，一宫之间，而气候不齐。

　　这首赋极力展现了阿房宫的雄奇瑰丽，使我们得以窥见大秦帝国剑气纵横的勃勃雄心、风卷残云的开合气象。可惜的是，秦王扫六合，挥剑决浮云，在建立庞大无比的实体宫殿建筑群的同时，帝国的治国理论大厦却无所长进。万事一决于法的刻板思维，焚书坑儒，以吏为师，秦始皇心目中这个万世永续的帝国荣耀，最终被陈胜、吴广在大泽乡举起的几杆木棍洞穿了。

长乐未央

"大风起兮云风扬，威加海内兮归故乡，安得猛士兮守四方。"当大汉肇造，宅兹中国，振长策而御宇内之后，依然决定在长安这块神州沃土建立都城。

东汉时期的文史学家班固曾在洋洋洒洒的《西都赋》中极力赞美西京的物华天宝：

汉之西都，在于雍州，实曰长安。左据函谷、二崤之阻，表以太华、终南之山。右界褒斜、陇首之险，带以洪河、泾、渭之川。众流之隈，汧涌其西。华实之毛，则九州之上腴焉。防御之阻，则天下之隩区焉。是故横被六合，三成帝畿，周以龙兴，秦以虎视。及至大汉受命而都之也，仰悟东井之精，俯协《河图》之灵。奉春建策，留侯演成。天人合应，以发皇明，乃眷西顾，实惟作京。于是睎秦岭，睋北阜，挟沣灞，据龙首。图皇基于亿载，度宏规而大起。肇自高而终平，世增饰以崇丽。历十二之延祚，故穷泰而极侈。建金城而万雉，呀周池而成渊。披三条之广路，立十二之通门。内则街衢洞达，闾阎且千，九市开场，货别隧分。人不得顾，车不得旋，阗城溢郭，旁流百廛。红尘四合，烟云相连。于是既庶且富，娱乐无疆。都人士女，殊异乎五方。游士拟于公侯，列肆侈于姬姜。乡曲豪举，游侠之雄，节慕原、尝，名亚春、陵。连交合众，骋骛乎其中。

初定天下的汉高祖刘邦接受娄敬、张良的建议，定都于斯，从此揭开了长安城建设的序幕。

公元前 198 年，汉长安城的主建筑长乐宫、未央宫建成。经过考古测定，汉代长安城总面积 36 平方千米，至今残垣犹存，错落起伏在西安城的西北方向，紧靠新建的汉城湖遗址公园。

长乐宫位于长安城东南，是在秦兴乐宫的基础上修葺而成，面积 6 平方千米，占到汉长安城面积的 1/6。根据史书记载，长乐宫内有前殿、宣德殿等 14 座宫殿台阁，昔日汉高祖就在这里号令天下。高祖之后，吕后垂帘，也是在这里运筹帷幄。而未央宫则位于长安城的西南角，由"汉初三杰"之一大丞相萧何督造，史称西宫。

公元前 200 年，萧何在长乐宫以西秦章台的基础上营建新宫，两年方才建成。当时刘邦见宫殿巍峨雄伟，批评萧何说："天下匈匈，劳苦数岁，成败未可知，是何治宫室过度也？"萧何却这样回答刘邦："天下方未定，故可因遂就宫室。且夫天子以四海为家，非壮丽无以重威，且无令后世有以加也。"

萧何建设的未央宫有为天子树立至高无上尊严的目的，无疑给后世宫殿建设立下了标尺。未央宫建于地势最高的龙首原上，东西 50 丈，高 35 丈，主殿装饰以金玉，门、窗、柱、栏、椽、柱石、殿阶都是精雕彩绘，庄严华丽，气势磅礴，雄伟壮观。

汉代的长安城中有闾里160处，布局严整。商业区主要分布在城东和城西，开市之时，"人不得顾，车不得旋"，可见其繁荣景象。当时，这座都城内有8.08万户住户，人口则已达到50万左右。

长乐未央，既是西汉的宫殿建筑，也是西汉王朝所追求的人间理想。把"孝"作为政治实践大规模推广，就是从长安城的长乐宫开始的。为了长治久安的需要，西汉所有的皇帝都给自己的谥号前加"孝"字，如孝惠帝、孝文帝、孝武帝等；他们还大力表彰孝顺事迹，如汉文帝时因缇萦救父约法省刑，其出发点，无疑都来自娄敬与汉高祖的历史机缘。

娄敬曾经对刘邦说：

> 天下初定，士卒罢于兵，未可以武服也。冒顿杀父代立，妻群母，以力为威，未可以仁义说也。……陛下诚能以嫡长公主妻之，厚奉遗之，彼知汉嫡女送厚，蛮夷必慕以为阏氏，生子必为太子，代单于。何者，贪汉重币，陛下以岁时汉所余彼所鲜数问遗，因使辩士风谕以礼节，冒顿在，固为子婿，死，则外孙为单于，岂尝闻外孙敢与大父抗礼者哉。

娄敬提出的这个处理与少数民族关系的办法，被后世学者称为"娄敬和亲"。直到武帝反击匈奴之前，西汉一直延续娄敬和亲之策，这是一种韬光养晦的政治联姻。西汉后期又恢复和亲，昭君出塞就是这项政策的具体实践。"双赢为和"，究其实质，其实还是西汉强调的孝义的延伸和外化。

此外，刘邦曾经杀白马为誓："非刘姓王者，天下共击之。"为了加强政权的向心力，他册封了一些同姓王而消灭了一些异姓王，其立足点还是这个"孝"字。

儒家把政治建设置放在孝的基础上，认为只要从"家"这个基本的社会单元出发，把家庭的伦理稳定结构推广到国的范围，一切问题就自然迎刃而解了。从此，"家国合一"成为中国社会结构的奥妙所在。

《汉长安城遗址保护》（局部）　刘忠绘

大兴新城

孟子说，五百年必有王者兴。

秦汉之后，再次实现国家统一、成为长安新主人的是杨坚建立的隋朝。隋王朝因为二世而亡，于是成为一个长期被人忽视的治世。学界常常将隋与秦比较，认为它们都是短暂的大一统时代。前有"汉承秦制"，后来也恰恰是隋给光芒万丈的大唐帝国铺就了光辉的道路。也许是唐的耀眼光辉遮蔽了隋的璀璨，其实这颗闪耀的星座理应拥有它恰如其分的位置。

在世界文明史上，入选对世界造成巨大影响的历史名人的中国人并不多见，而隋文帝杨坚和隋炀帝杨广却赫然在列。杨坚被称为"圣人可汗"，在外国人看来，隋文帝开创了先进的选官制度，发展文化经济，使得中国成为盛世强国。文帝在位的开皇年间，中国疆域辽阔，农耕文明处于巅峰时期。

隋代的统一迎来了长安的和平安定、繁荣蓬勃。长安这座伟大都城的真正建设，就开始于隋文帝时期。

隋朝开国之初，都城就设在汉长安旧城，因旧城使用数百年，地力业已耗尽，城市残破狭小，加之水污染严重，壅底难泄，整个城市的饮水供应也让人颇为头疼。《隋唐嘉话》云："隋文帝梦洪水没城，意恶之，乃移都大兴。"

　　在数次踏勘调查的基础上，经过科学论证，隋文帝决定选择汉长安城东南 20 里的龙首原为帝国都城的新址。开皇二年（582 年）六月，文帝命宇文恺负责设计建造新的政治文化经济中心——大兴城。

　　宇文恺是一个天才设计师，在其主持下，仅仅用 9 个月左右的时间，就为帝国建立起富丽堂皇的宫城和皇城。

　　他参照北魏洛阳城和东魏、北齐邺都南城，把龙首原以南的六道高坡视为乾之六爻，以此为核心，作为长安城总体规划的地理基础。"六坡"是大兴城的骨架，皇宫、政权机关和寺庙都高高在上，与一般居民区形成鲜明对照；其间的低地，除居民区外，则开渠引水，挖掘湖泊，增大了城市的水域。

　　大兴城充分利用地形的优势，增大了立体空间，因而更加雄伟壮观。大兴城的平面布局整齐划一，形制为横长方形。全城由宫城、皇城、外郭城三部分组成，完全采用东西对称布局。外郭城面积约占全城总面积的 88.8%，居民住宅区的大幅度扩大是大兴城建筑总体设计的一大特点。大兴城在当时的世界上是最为巨大的城市。

　　在此之前，从秦汉一直到南北朝，都城的城市格局没有章法，缺乏布局，皇宫、官署、民居，交错相处，十分杂乱。至大兴城之后，都城的均衡对称格局开始形成，街道整齐划一，南北交错，东西对称，大街小巷，井井有条。皇宫、皇城、民居三个部分相对分开，界限分明，既安全，又实用。

全城以对准宫城、皇城及外郭城正南门的大街为中轴线。在外郭城范围内，以 25 条纵横交错的大街将全城划分为 108 坊和东、西两市（隋称东市为都会市，西市为利人市）。这种方格网式的规划，使整个城的平面如同棋盘。坊之四周筑有坊墙，开四门，坊内设十字街，十字街和更小的十字巷将全坊划分为 16 区。坊内实行督察制度，管理严格。商业交易活动则被规范于同样呈封闭状态的东、西两市。

全城有南北向大街 11 条，东西向大街 14 条，其中贯穿于城门间的干道各 3 条，号称六街。街面宽广，两侧均有整齐水沟，将全城分为 108 个里（唐称坊，唐大明宫前开辟丹凤门街后增为 110 坊，兴庆宫建后为 109 坊）及两个市，形成棋盘式网形方格。

除通往延平门、延兴门的东西街宽为 55 米外，其余皆宽 100 米以上；而作为中轴线的朱雀门大街则宽达 150 米以上，纵贯全城，长近 9 千米，是世界城市史上最长的一条中轴线，又称"天门街"。街道两旁种植有成行成列的槐树，整齐有序。

中国文化讲究天人合一，水乳交融，这在大兴城的建设中得到了完美体现。宫城、皇城、外郭城平行排列，以宫城象征北极星，以为天中；以皇城百官衙署象征环绕北辰的紫微垣；外郭城象征向北环拱的群星。108 坊恰好对应寓意 108 位神灵的 108 颗星斗；南北排列 13 坊，则象征着一年有闰；皇城以南东、西各 4 坊，象征着一年四季。因此，唐人即有诗吟"开国维东井，城池起北辰"，说的就是这种布局的天文景象。当然，大兴城更是皇帝据北而立、面南而治的儒家传统思想的一种体现，它作为历代帝王治国的总体指导思想，贯穿城市建设始终，因此让长安这座都城更加充满着神秘色彩。

由于杨坚早年封号"大兴郡公"，因此都城取名"大兴城"，意味着永远繁荣兴盛。大业九年（613年），隋炀帝动用10余万人在宫城和皇城以外建造了外郭城，城市的总体格局至此基本形成。

营建都城是国之大事，所谓"定鼎之基永固，无穷之业在斯"。大兴城的营造，实在是隋朝皇帝完成的一件功德无量的事情。此后唐朝继续在此定都，并更名为长安城。

盛唐长安

开放的大唐，是中国历史的巅峰。大唐的天子们在长安这片土地上辛勤治国，勤勉奋发。被誉为"千宫之宫""丝绸之路的东方圣殿"的大明宫、承载李杨爱情的华清池、"云想衣裳花想容，春风拂槛露华浓"的兴庆宫、"三月三日天气新，长安水边多丽人"的曲江池……都是盛世大唐的无上荣耀。

大明宫是盛唐气象的典型代表，作为举世闻名的唐长安城"三大内"（太极宫、大明宫、兴庆宫）中规模最大、最为辉煌壮丽的建筑群，地处长安城北的龙首原，始建于唐太宗贞观八年（634 年），初名永安宫。唐太宗建造这一宫殿的本意是给玄武门之变后退位的太上皇李渊居住，以尽孝道。但大明宫尚未建成，晚年落寞伤感的李渊就离开了人世。龙朔三年（663 年），因染病而忧惧太极宫潮湿的唐高宗，决定在扩建大明宫亭台楼阁的基础上，迁整个朝廷中枢到大明宫。大明宫原是太极宫后苑，靠近龙首山（龙首原唐以前称为龙首山），较太极宫地势高。龙首山在渭水之滨折向东，山头高 20 丈，山尾部高六七十丈。汉代未央宫踞龙首山折东高处，故未央宫高于长安城。唐大明宫又在未央宫之东，地基更高。

这一崭新的宫殿把大唐带入了历史的鼎盛巅峰。

大明宫平面略呈梯形，原宫墙周长为 7.6 千米，占地面积约 3.2 平方千米，墙外的丹凤门大街宽达 176 米，至今仍然是世界上最宽的街道。它大概是明清北京紫禁城的 4.5 倍，相当于 3 个凡尔赛宫、12 个克里姆林宫、13 个卢浮宫、15 个白金汉宫、500 个足球场的面积。

大明宫四面共有 11 座门，已探明的殿台楼亭等遗址有 40 余处，南部为前朝，自南向北有含元殿、宣政殿和紫宸殿；北部的内廷中心为太液池。从唐高宗开始，先后有 17 位大唐天子在这里主政，作为当时全国的政治中心和权力中枢，绵延 200 年之久。

王维曾写诗感慨："九天阊阖开宫殿，万国衣冠拜冕旒。"唐朝末年黄巢目睹了大明宫的雄伟之后，也曾感慨这里满足了"他年我若为青帝"的心愿。这座东方圣殿最终毁于唐末的社会大动乱之中，给后人留下了一个盛世王朝的背影。

明代城墙

宋太祖赵匡胤陈桥兵变后，贪图当地漕运的便利，从而决定建都东京（开封）。及至元明清，长安不再是"站在万人中央，感受那万丈荣光"的焦点之城。她的辉煌逐渐成为了民族的历史记忆。

在宋朝面对金国南侵危机的时刻，廷议大计，有不少朝臣希望天子迁都长安，以延道统国祚。朱元璋平定天下，也曾有迁都的谋划，太子朱标甚至亲赴长安实地进行踏勘。这位太子选择宫室基址，并绘制了陕西地图进献给父亲朱元璋。可惜时不我与，温润敦厚的朱标病逝，迁都西安的计划也就一江春水东流去。从此以后，长安一直在西北，成为一角重镇，默默地坚守着每一次的流风与微光。

元代著名诗人张养浩，曾经任职陕西，他对长安这座城市充满着深厚的情感和无限的惆怅，在《山坡羊·骊山怀古》中写道：

骊山四顾，阿房一炬，当时奢侈今何处？只见草萧疏，水萦纡。至今遗恨迷烟树。列国周齐秦汉楚，赢，都变做了土；输，都变做了土！

　　张养浩是一个心忧天下的文学家，他用诗歌指明了奢侈亡国的惨痛历史教训。他还有一首《潼关怀古》：

　　　　峰峦如聚，波涛如怒，山河表里潼关路。望西都，意踌躇，伤心秦汉经行处。宫阙万间都做了土。兴，百姓苦；亡，百姓苦。

　　诗歌表现了时人对西京长安昔日辉煌的缅怀和对人民群众的悲悯深情，也被视为咏叹长安的千古绝唱。

　　元代时称西安为奉元路。明洪武二年（1369 年）三月，大将徐达占领奉元路，明廷改奉元路为西安府，这是长安更名西安的开始。

　　大明帝国肇造，太祖朱元璋因听从术士朱升的战略"高筑墙、广积粮、缓称王"而吞并天下。一统江山以后，开始推广成功经验，一时筑城蔚然成风，民间有"汉冢唐塔猪（朱）打圈"的俗语。

　　朱元璋认为"天下山川，唯秦中号为险固"，洪武三年（1370 年），将时年 22 岁的次子朱樉封为秦王，坐镇西安。当时的西安卫指挥濮英，"初以勇力为百夫长"，为人贤能，善于练兵，在漫长的陆地帝国时代，防御是军戎大事，因此本着推陈出新、以塞安全的思路，西安城墙在洪武七年（1374 年）开始了大规模的修葺工程，历时 4 年方才竣工。后经明清两代多次修筑，城防更加坚固完备。

完好的西安城墙，包括护城河、吊桥、闸楼、箭楼、正楼、角楼、敌楼、女儿墙、垛口等一系列军事设施，设计精巧、工程绝妙。形制长方形，东墙长 2686 米，西墙长 2708 米，南墙长 3441.1 米，北墙长 4262 米，周长 1374 千米，墙高 12 米，顶宽 12~14 米，底宽 15~18 米。城墙四角各有角台 1 座，每隔 120 米修筑敌台 1 座，共计 98 座。城墙上外侧有 5984 个垛墙，城墙外有城壕。四面各开城门：东曰长乐，西曰安定，南曰永宁，北曰安远。每门城楼三重：闸楼、箭楼、正楼。正楼高 32 米，长 40 余米，为歇山顶式，四角翘起，三层重檐，底层则以回廊环绕。

西安城墙完全用黄土分层夯打而成，最底层用土、石灰和糯米汁混合夯打，坚硬素朴。顶部则每隔 40~60 米是一道用青砖砌成的水槽，便于排水减负。明隆庆二年（1568 年）陕西巡抚张祉又将城墙外壁和顶面砌了青砖。

经过数次的施工修缮，整座西安城墙古色古香，巍峨壮观。当代作家贾平凹这样评价故乡的这座城墙："它的城墙赫然完整，独身站定在护城河上的吊板桥上，仰观那城楼、角楼、女墙垛口，再怯弱的人也要豪情长啸了。"

今日西安的城垣，曾是一个伟大繁复的军事防御体系，是中国现存最完整的一座古城堡。它是在隋唐长安城的基础上扩建而成的，乃是关中百姓心血与聪慧的结晶。"周长 14 千米的巨型构思如此完好，现存规模最大、年代最早，四城门、四角楼的修建精巧，折射当时筑城技术与写诗艺术一样的高超。"

城墙的诸多门额，都是一出出文化西安的经典传奇：

永宁门，即南门，是历史最为悠久的大门，建于开皇二年（582 年）。曾叫"安上门"，明代改名"永宁门"。永宁，即希望本固邦宁，长治久安。

安远门，即北门，为明代修葺城墙时建设，希冀对少数民族怀柔抚远，使他们望风归化。辛亥革命中，这里是清军的弹药库，新军集中火力轰击弹药库导致城正楼被毁。

长乐门，即东门，明代修葺城墙时建造。因明朝首都南京位于西安东，"长乐"带有祈祷大明江山长久欢乐之意愿。讽刺的是，推翻明朝的李自成就是由这里攻入西安的。李自成看到"长乐门"匾额时感叹："若让皇帝长乐，百姓就要长苦了。"义军遂点火烧毁长乐城楼。清代重新建造。

安定门，即西门。本是唐皇城西面中门顺义门，希望西部边陲安泰康定。明代修葺城墙时位置略向南移。1949 年 5 月 20 日中国人民解放军就是从此门攻入西安城。

如今的西安城共有城门 18 座。从北开始顺时针依次为：尚武门、安远门、尚德门、解放门、尚俭门、尚勤门、朝阳门、中山门、长乐门、建国门、和平门、文昌门、永宁门、朱雀门、勿幕门、含光门、安定门、玉祥门。

行走在城墙上，清风垂柳、皇城高墙，护城河的碧波荡漾在阳光朗月之下，仿如西安这座美丽古城漂亮的项链，情丝绵绵，余韵悠长。

城河新教

《大南门揽胜图》 舒宏昌绘

震

滔滔热血 三

《象》曰：震来虩虩，恐致福也。笑言哑哑，后有则也。

血与火的革命到来之际，总会让人惊恐不安，但这却是社会秩序调整的必要步骤，君子在这大变革中往往能够谈笑自若，安之若素。一场场革命，让统治者们知晓了得民心者得天下，要避免前朝的覆辙，必须推行仁政，不要出现杜牧在《阿房宫赋》中所言的"秦人不暇自哀，而后人哀之；后人哀之而不鉴之，亦使后人而复哀后人也"的循环性悲剧了。

武王伐纣

人们耳熟能详的北京时间是从陕西临潼天文台国家授时中心发布的。北京时间给正在昂扬奋进、追寻梦想的中华民族指明了茫茫宇宙中的时间支点，而中国历史上最初的革命——武王伐纣，为中国历史提供了第一个准确的年代支点，穿越时光的隧道，将历史与现实在长安相连。

每每谈起中国历史，笼统地称"上下五千年"，或者"自从盘古开天地，三皇五帝到如今"，史学家所能提供的最早确切的中国纪年是司马迁《史记·十二诸侯年表》的始年——西周晚期的共和元年——也就是公元前841年，这成为5000年中华文明世界地位问题的重大缺憾。

自西汉以来，2000多年间，诸多学者都试图实现年代学上的突破，但总是难以取得进展。1976年，西安临潼出土了一件西周青铜器——利簋。史学家从利簋铭文中捕捉到几个重要信息，结合其他历史文献，综合判断出武王伐纣的准确年代是公元前1046年，这一重大学术成果，把中国有确切纪年的历史向前推进了205年，并将我们的视角带入这场周武王领导的最初的革命浪潮之中。

殷商末年，自称"天命"在身的殷纣王已经彻底堕落在酒池

肉林之中，听不进任何忠言劝谏，而在西边逐渐强大的周部族
开始日益威胁到商王朝的安危。周文王在商周较量的关键时候去
世，他的灭商大业只能交给自己的儿子武王姬发来完成了。

武王即位以后，以"太公望为师，周公旦为辅，召公、毕公
之徒左右王，师修文王绪业"。太公望（姜子牙）是文王从渭河
边请回来的帝师，谋略超群。周公是武王的亲弟弟，曹操曾经有
诗"周公吐哺，天下归心"，歌颂的就是周公为周天下长治久安
求贤若渴的精神。召公、毕公，既是周人姬姓的血缘宗亲，也是
当时难得的俊杰人才。

在这些贤能的辅佐谋划下，武王先和八百诸侯会盟于孟津，
初步建立了革命统一战线。据说当时还出现白鱼跃到武王乘坐的
船上等种种祥瑞，因此大家都认为周王天命所归，伐纣灭商刻不
容缓。但武王审时度势，决定继续等待时机。孟津会盟两年以后，
商纣恶贯满盈，周才联合八国部族大军，出动45000人、军车
300辆，由武王亲自率领先锋勇士3000人，拉开了伐纣灭商的大
幕，商周大军在牧野进行了历史性的大决战：

帝纣闻武王来，亦发兵七十万人距武王。武王使师尚父与百
夫致师，以大卒驰帝纣师。纣师虽众，皆无战之心，心欲武王亟
入。纣师皆倒兵以战，以开武王。武王驰之，纣兵皆崩畔纣。纣走，
反入登于鹿台之上，蒙衣其殊玉，自燔于火而死。武王持大白旗
以麾诸侯，诸侯毕拜武王，武王乃揖诸侯，诸侯毕从。

儒家亚圣孟子曾经在讲到武王伐纣的历史时说"纣，一人而已，独夫民贼"，荀子也强调"盖杀纣者非周人也，故无首虏之获，无蹈难之赏"，郭沫若先生称牧野之战是最早的"前徒倒戈"的伟大革命，这其实代表了中国人的革命理想主义。

武王伐纣对以往的信仰体系产生了巨大的破坏。商代诸王相信"有命在天"，而周人则为了革命需要，适时提出了"天命靡常，惟德是辅"的崭新理论，这个德政理论后来又衍生出"仁者无敌""得民心者得天下"的通俗表达。

武王伐纣所开启的德政理论有两大特点：一是"天命靡常"，这既是对统治者的谆谆告诫，也成为造反派揭竿而起的理论基础；"惟德是辅"是为保守派和革命派都设置了合法的行为前提，而对"德"的不同理解，都可成为统治者与造反者行为的合理理由，由此奠定了中国社会动荡、统一结合的政治文明模式。二是对德政的追求，使得民本思维产生发展，客观上起到了保护生产、爱护民生的作用。

从长安地区发动的武王伐纣，与商汤灭夏一起，统称为"汤武革命"，这是中国文化中革命理论的最早来源，为以后的历次革命奠定了思想基础，意义深远而重大。

秦扫六合

"秦王扫六合，虎视何雄哉。"秦的统一战争是奋六世之余烈的伟大东进征程。

秦孝公时期，商鞅变法使得秦国的国力空前提高，秦国军队的战斗力大大加强，并很快走上了东进河西、与魏争雄之路。

公元前 358 年，秦军首败韩军于西山。公元前 354 年，秦抓住战机，利用魏与赵邯郸之战、魏与齐襄阳之战的有利时机，采用突袭战略，与魏战于元里（陕西澄城南交道乡元里村），斩首7000 人，夺取军事重地少梁，迫使魏国"塞固阳"以守，魏国河西防线受到冲击。公元前 353 年，商鞅趁魏韩齐楚宋大战之际，亲率大军深入河东，直取魏国旧都安邑；次年，又兵围固阳，魏兵投降，魏河西防线动摇。公元前 343 年，秦兵锋所指，再次夺取武城（陕西省渭南华州区市东），并重建该城，作为和魏国在河西决战的新基地。

公元前 341 年，魏与齐大战，魏兵败马陵，庞涓自杀，太子申被俘，朝野震动，元气大伤。同年五月，齐威王与宋联合攻魏，商鞅认定此乃秦收复河西与魏决战的大好时机。公元前 340年，秦军联合赵、齐进攻魏国，商鞅亲征。此战颇具戏剧性，商鞅最终俘获魏军统帅公子卬，迫使魏国"割河西之地献于秦以和"。

魏国并非弱国，在秦孝公以前，魏因文侯改革，励精图治三代，一直是战国七雄初期的霸主，而河西决战以后却只能在昔日被蔑视的秦国面前低下高贵的头颅，这充分说明秦外交和军事取得的巨大胜利，是以商鞅变法作为雄厚根基的。

及至秦惠文王时期，在巩固商鞅新制的同时，秦惠文王重用贤才，秦国布衣将相于是大盛，从而使国力持续蒸蒸日上。秦惠文王时期，出现了一大批如张仪、司马错这样的布衣将相，见之史书的还有公孙衍、陈轸、楼缓等贤能之士，其中最著名的是樗里疾。

樗里疾是秦惠文王的同父异母弟，居住在渭南阴乡樗里，故称"樗里子"。他身属亲贵阶层，但智勇双全，名闻关中，号为"智囊"。秦人当时谚语说"力则任鄙，智则樗里"。

公元前318年关东诸侯合纵攻秦，号称五国伐秦，樗里子在函谷关大败联军，其后他率军东征，又取得岸门大捷，迫使韩、赵向秦屈服。公元前312年，樗里子又在丹阳败楚，夺取汉中，使得关中与巴蜀连成一片，基本清除了楚国对汉中的威胁，樗里子因功被封为严君。在秦武王时期，他曾以百辆战车闯入东周京畿洛阳，逼迫周天子屈尊逢迎，从而实现了"车通三川，以窥周室"的政治目的。

惠文王同时重用甘茂。甘茂为樗里子推荐，精通诸子学说，在汉中之役中崭露头角，后在武王时期为平定蜀郡叛乱立下汗马功劳，因功升为丞相。公元前 308 年，他率秦军拔取韩国重镇宜阳，斩首 6 万人，使得秦国领土第一次拓展到中原腹地。甘茂与樗里子并为"智囊"，其孙甘罗更是妇孺皆知的神童，12 岁就当上了秦相吕不韦的宾客，他以如簧巧舌说服称病不肯赴燕的张唐，受到吕不韦的器重。后来甘罗自荐出使赵国，迫使赵襄王同意联秦攻燕，并割五城之地以表谢意。甘罗年少，但"自古英雄出少年"，以才名扬后世。

文王死后，武王武功虽昙花一现，但"得窥周室，死不恨矣"的秦武王为实现兼并天下的宏图，曾派大军攻陷重镇宜阳。

其后的秦昭王，秉政初期出现了魏冉专权。魏冉"私家富重于王室"，在政治上一度奉行"恶内诸侯客"的政策，常常行假公济私的阴谋。但是在其主政时期，也多所建树。如"客卿错"、"客卿造（灶）""客卿胡阳"等皆得以重用，还有此时期的齐人田文和赵人楼缓等俊才也都曾到秦国拜相，更重要的是魏冉"举白起，使代向寿将而攻韩、魏，败之伊阙，斩首 24 万人，虏魏将公孙喜。明年，又取楚之宛叶"，为秦国发掘出了这位旷世的名将。

昭王启用"战神"白起担任秦军主将。白起是关中眉县人，善于用兵，在东进征伐诸侯的战争中，显示了非凡的军事才能。他一生戎马倥偬，为秦攻夺 70 余城，百战百胜，最辉煌的胜利是伊阙之战、鄢郢之战、华阳之役、长平决战，仅此四战，关东精锐损失百万。

公元前 294 年，白起东征，占领韩国之新城，韩魏联合抗秦。次年，双方在伊阙决战，白起一举全歼敌军 24 万人，韩魏遭到空前的大失败，被迫割地称臣，秦昭王也因此自称西帝。

公元前 279 年，秦专力伐楚，白起于城西筑坝，引水为长渠，水淹鄢郢，楚军覆灭，首都陷落。白起一直打到洞庭湖附近，迫使楚国迁都到陈。

公元前 273 年，秦攻魏，"示天下要断山东之脊"，吸引赵、燕援军，聚而歼之。此战在华阳大破赵魏联军，斩首 15 万人。

公元前 260 年，白起率秦军在长平与赵括率领的赵国主力决战。赵军主将赵括颇善纸上谈兵，但实战经验不足。白起遂采取迂回战术，先正面诈败，诱敌深入，然后实施分割包围，赵军被围 46 天，因断粮而自相残杀。赵括分兵突围不成，被秦军射死，40 多万赵军投降后被一举坑杀。赵国从此精锐全丧，一蹶不振。

秦昭王死于公元前 251 年，在位共计 56 年。他一生励精图治、奋发有为，是秦国难得的英明之君。秦国在惠王、昭王时期兼并了大片的领土，先后建立了巴、蜀、汉中、上郡、河东、陇西、南郡、黔中、南阳、北地十郡，已经在与六国的长期竞赛中处于绝对的优势地位了。

秦始皇即位之后，终于发动了吞灭六国、一统天下的战争。

公元前 236 年，王翦攻拔赵国 9 城，斩首 10 万人。公元前 229 年，再次伐赵，直下井陉，使得赵王错杀名将李牧，王翦从而得以大败赵军，攻克邯郸，俘虏赵王迁，基本灭赵。两年后，王翦挥师燕国，大败燕、代联军，攻克燕都蓟城，燕王喜只得逃往辽东。王翦连破两国，威震天下。

公元前 225 年，秦王政开辟两条战线，主力南征伐楚，偏师东征伐魏，交由王翦之子王贲负责。公元前 224 年，王翦率 60 万大军伐楚，秦王政征集全国所有甲士，使关中男丁全部从军，悉数交给王翦指挥，并亲到霸上送行。

王翦在楚采取坚壁不战策略，等到项燕统率的楚军疲惫时，一举出击，大破楚军，追杀项燕。次年俘获楚王负刍，彻底灭楚。

其子王贲，将门虎子，他兵围魏国大梁，引黄河之水灌城，顺利灭魏。后远征辽东，彻底扫荡燕国残余势力，俘虏燕王喜。回师途中又攻占赵国仅存的代郡，俘虏自称代王的公子嘉。在平定北疆以后，王贲挥师南下，灭齐，俘虏齐王建，消灭了关东最后一国，为秦之统一天下的大业画上了圆满的句号。

鸿门盛宴

秦末民众生活在水深火热中，陈胜、吴广在大泽乡喊出"王侯将相，宁有种乎"的口号，曾经强大无比的秦帝国开始土崩瓦解了。"一夫作难而七庙隳，身死人手为天下笑"，此时长安舞台的主角，就轮到了项羽和刘邦。

唐代诗人章碣的《焚书坑》云："竹帛烟销帝业虚，关河空锁祖龙居。坑灰未冷山东乱，刘项原来不读书。"

西安临潼东北处古时曾被称为"戏"，这的确是个充满戏剧色彩的地方。秦末农民起义的大军在周文率领下"务在入关"，直取咸阳。周文本是陈国的名士，做过楚将项燕的助手，负责占卜，懂兵法。他被陈胜任命为西征统帅，一路招募穷人，到函谷关时，义军已达数十万。但是在公元前209年秋进驻临潼之时，秦以章邯为将，发动"骊山刑徒"进行了戏之战，结果义军失败，周文也在与章邯的数次较量之后自杀。但周文进军关中的几次战争，使关中这个帝国的腹心之地受到了强烈冲击。

周文之后，长安地区再一次出现的义军，就是项羽和刘邦率领的楚汉军队了。著名的鸿门宴则意味着楚汉相争的真正开始。

英奇奋于纵横之世，贤智显于王霸之初。项羽叔侄在会稽发动起义，"籍所击杀数十百人，一府中皆慑伏，莫敢起"，得江

《拜将台》 石晓伟、丁素玫绘

东子弟8000人，然后渡江北上，收编了黥布、陈婴等义军，很快成为实力最强的反秦武装；刘邦在沛斩白蛇起事，追随者不过百余人。当时陈胜的大军在周文率领下声势浩大地打到临潼，为秦将章邯所阻击，遭受逆转性失败，陈胜牺牲，反秦形势一度不利。约在此时，刘邦归附在新盟主项梁名下，和项羽兄弟相称。他们听从范增的谋略，找出了一个楚王后代推立为楚怀王。由于秦军主力在章邯率领下在河北镇压义军，形势危急，楚怀王与诸将约定，谁先入关中谁为王。

刘邦率本部挥师西进，直捣都城咸阳，以分散秦军主力；项羽率本部北上，与秦军主力决战。

项羽先斩后奏，击杀了作壁上观的总指挥宋义以后，"威震楚国，名闻诸侯"。他采用破釜沉舟之计，在巨鹿之战中大破秦军，俘虏秦将王离，杀死苏角。至此，秦军主力基本被消灭。"当是时，楚兵冠诸侯。""楚战士无不一以当十，楚兵呼声动天，诸侯军无不人人惴恐。""项羽召见诸侯将，入辕门，无不膝行而前，莫敢仰视。"项羽的声望达到了巅峰。

刘邦在这个时候，却意外获得了重要的战略优势——西进关中。刘邦且战且走，注意保存实力，并且抢先占领了秦军的粮食仓库，他采用张良"收买人心、避战速进"的军政方针，很快打到了蓝田一带。

秦帝国在四面楚歌的内斗中，擅权的赵高被子婴杀死，子婴开城投降，刘邦得以顺利进入关中。他在初进长安之时，迅速采取了三件政治举措：一是赦免释放秦王子婴，抑制住自己强烈的贪欲，并没有占有秦国府库里面的财宝珍玩，而是奉行不扰民的安抚政策，将部队带回霸上驻扎；二是约法三章，即"杀人者死，伤人及盗抵罪"，所以"秦人大喜，争持牛羊酒食献飨军士"；三是派兵屯守函谷关，以抵御其他义军入关。

项羽在大破秦军，坑杀降卒 20 万于新安之后，率领 40 万精锐进入关中。此时他听到了曹无伤的密告，获知刘邦"王关中"的野心，于是打算第二天就发起攻击，歼灭刘邦。而此时，刘邦的人马不过 10 万。

其后发生的鸿门宴大概是中国历史上最著名的一场宴会了。

项庄舞剑，意在沛公，鸿门一宴决天下。刘邦在鸿门宴命悬于一线，最终死里逃生，这是很有戏剧性的一幕。项羽从此坐失良机，因为他没有把刘邦放在眼里，他已被自己的虚幻强大冲昏了头脑。项羽自封为"西楚霸王"，并且一口气分封了 18 个王，其中刘邦被封为"汉王"。项羽还杀了早已投诚的秦王子婴，焚烧了阿房宫和咸阳的宫殿，准备"衣锦还乡"。诚如范增所言："夺项王天下者必沛公也，吾属今为之虏矣。"这场觥筹交错的外交战中，刘邦显示了自己过人的智慧，而项羽则把自己政治的愚钝性表露无遗。正是从发生在长安的这场盛宴开始，汉兴楚灭的序幕在刀光剑影中拉开了。

董卓之乱

东汉末年，汉灵帝死后，大将军何进与袁绍谋诛宦官不成，引起帝都洛阳震动，何进邀地方实力派并州牧董卓勤王，结果引狼入室，何进被杀，袁绍逃走。为了挟天子以令诸侯，董卓废黜少帝刘辩，扶持刘协登上帝位，也就是汉献帝。

董卓秉政以后，袁绍纠集盟军共讨董卓，盘踞在洛阳的董卓军事集团面临巨大的军政压力，因此决定返回根据地西北，以守为攻，遂将东汉帝都迁到长安，让汉献帝居住在长乐宫中。

董卓曾论及迁都长安的理由："高祖都关中，十有一世；光武宫雒阳，于今亦十一世矣。按《石包谶》，宜徙都长安，以应天人之意。"面对大臣的反对，董卓坚持认为"关中肥饶，故秦得并吞六国"。

汉献帝时年不过 10 岁，对迁都大事懵懵懂懂，实际上，迁都长安动摇了东汉政权的统治基础。曹操曾经评论说："向使董卓倚王室，据旧京，东向以临天下，虽以无道行之，犹足为患。今焚烧宫室，劫迁天子，海内震动，不知所归。"

曹操认为董卓如果占据洛阳，以此为根据地，凭借汉献帝的权威，哪怕许多事不合道义，也已经拥有很强大的力量。而他放弃了洛阳，迁到长安，则使得整个朝廷脱离了成熟的管理系统，中央就成了无本之木、无源之水，这就为后来三国局面的出现埋下了祸根。汉献帝被挟持到长安后，关东诸将商议，认为汉献帝幼小，被董卓挟持，到长安后即使被害死了，世人也不知道。

董卓到长安以后，授意朝廷封他为太师，地位在诸侯王之上，车服仪饰拟于天子。他还拔擢亲信，广树党羽，宗族内外，并居列位，子孙年虽幼小，男皆封侯，女为邑君。又筑坞于郿（今陕西眉县东渭水北），号称"万岁坞"，储存粮食，准备长期盘踞于此。眉坞城墙高度与长安相当，积谷可供30年。董卓自夸"事成，雄踞天下；不成，就守此城也可终其天年"。董卓执政，法令苛酷，爱好残酷的刑法，推崇相互告发，致使长安冤案重重；又滥发货币，积聚财富，造成通货崩溃，激起了民怨。

针对极其不利的局面，献帝都长安初期，各地诸侯纷纷起兵，讨伐董卓乱政。

其时，王允负责朝政，"外相弥缝，内谋王室，甚有大臣之度。自天子及朝中皆倚允，允屈意承卓，卓亦雅信焉"。王允在取得董卓的信任后，从其义子吕布负责的保卫工作下手，使用美人计策反了吕布。

初平三年（192年）春，汉献帝以朝会为名邀请董卓赴宴，半路上刺客杀出，董卓高喊吕布。吕布反戈一击，以天子名义诛杀了董卓。

董卓死后，被暴尸东市，守尸吏把点燃的捻子插入董卓的肚脐眼中，点起天灯。因为董卓肥胖脂厚，"光明达曙，如是积日"。长安城内一片欢腾，人们置办酒肉，相互庆贺。朝廷从眉坞搜出藏金达二三万斤，银八九万斤，绸缎奇玩堆积如山，这都是其搜刮的民脂民膏。董卓声名狼藉，史书有文字记载以来，可谓登峰造极。宋苏东坡亦曾感慨："衣中甲厚行何惧，坞里金多退足凭。毕竟英雄谁得似，脐脂自照不须灯。"

董卓虽然被杀，但由于王允等对董卓部属瓦解、控制不当，以李榷、郭汜为首的西凉集团发动叛乱、洗劫长安，王允被杀，吕布败走。后来二将相互猜疑、攻击，汉献帝成为他们争夺的对象，虽然性命无虞，但一直处于各方势力控制利用之中。

经过这几次大乱，长安城内"死者枕藉"，原有数十万人口，此时竟然"城空四十余日"，以后"二三年间，关中无复人迹"，"天子都长安，四方断绝"。要重新建立国家秩序，就得迁都回洛阳。兴平二年（195 年），长安荒乱，已经 15 岁的汉献帝借机摆脱军阀郭汜东归，到了新丰。郭汜想暗地调军将汉献帝截回长安，导致"百官、士卒死者，不可胜数。弃御物、符策、典籍，略无所遗"，幸其最终没有成功。

汉献帝都长安，基本是在他的少年时代。即使在这种混乱的社会局面下，他依然在长安不间断地学习儒家经典。初平四年（193 年）秋天，汉廷还组织了儒生考试，有 40 余位儒生参加，从而昌明了西京学术，影响深远。《后汉书》记载，当时的长安饥荒严重，人相食，献帝让御史大夫侯汶开仓赈济，但效果不佳。汉献帝怀疑所发米豆有问题，亲自在御前会议上试做糜粥，证实侯汶确有克扣，于是杖责侯汶，调整赈灾战略，有效缓解了长安的大饥荒。

献帝在长安的 6 年时光虽然短暂，却演绎出哀婉动人的"吕布戏貂蝉""白逼宫"等故事。现在的长安社火、秦腔艺术依然在演绎凤仪亭的惊心动魄，以及献帝刘协的隐忍哭国。

一统天下

隋朝末年，隋炀帝残暴，农民起义的烽火已燃遍神州。太原留守李渊乘机起兵，进取关中，建立了大唐王朝。李渊的儿子李世民被封为秦王，一直统军消灭反唐势力，兵权在握，当时就以机警聪慧著称。

其时，隋炀帝已死，隋朝统治土崩瓦解，李唐王室要一统天下，面临的主要敌人已经变成了河南的王世充势力和河北的窦建德集团。

武德三年（620 年），为统一全国，李世民亲率大军自关中出发，进攻盘踞洛阳的王世充。

王世充依托洛阳坚固的城垣与李世民的唐军相峙，李世民久攻不下。此时王世充的援军——河北的窦建德亲率大军 10 余万渡河南下，水陆并进，准备对唐军形成两面夹击之势。

李世民得知窦建德来救王世充的消息，派遣弟弟齐王李元吉围攻洛阳，自己则亲率精兵迅速东进，占据虎牢关天险，以阻击窦建德大军西进。双方对峙于虎牢关，李世民一时不能取胜。

等到决战之日，窦建德在汜水东岸摆开阵势，战阵竟有 20余里，自早晨至正午，鼓噪呐喊，欲与唐军决战。李世民则闭门不战。

当时天气炎热，窦军鼓噪一上午未见唐军一兵一卒，自然是非常失望。一鼓作气，再而衰，三而竭，时已正午，窦军口干舌燥、疲惫不堪，而唐军则以逸待劳、精力充沛。李世民遂下令全军出击。窦军猝不及防，全线溃散，唐军深入窦军阵中反复冲杀，斩获甚多。唐军突击力量冲到窦军阵后，打出大唐旗帜，窦军陷入重围之中，军心大乱。此战窦军被俘5万人，而窦建德被俘于牛口渚。

其后，王世充开城投降，隋末农民起义造成的割据势力基本灰飞烟灭。

唐朝为统一全国，先后进行了6次大的战役。这6次战役李世民指挥了4次，可谓战功赫赫、功莫大焉，因此威望日隆，尤其是在虎牢之战后回师长安时，受到长安军民以皇帝的礼仪招待。

虎牢之战是决定唐王朝命运的一场决战，是中国历史上以少胜多的著名战例，也是围点打援的著名战例，在中国战争史上有特别重要的地位。

黄巢起义

西汉末年，长安发生王莽之乱，其后光武中兴，建都洛阳，长安的光芒被洛阳掩盖了数百年。之后在少数民族南下的数百年纷争岁月中，长安虽在前秦苻坚、后秦姚兴的统治下曾崭露微光，却更多是在董卓、赫连勃勃等军阀的占领下痛苦地呻吟。在偏安长安的晋愍帝时期，"长安城中户不盈百，墙宇颓毁，蒿棘成林。朝廷无车马章服，唯桑版署号而已。众唯一旅，公私有车四乘，器械多阙，运馈不继"。曾经的盛世京师竟然衰败到这种地步了。

代之而起的隋唐盛世在繁荣300多年后，因"安史之乱"而走上了下坡路。8年平叛战争，以及宦官专权、藩镇割据、朋党之争三大困局，让帝国岌岌可危。

唐僖宗时期，社会矛盾空前激化。僖宗皇帝虽试图励精图治、杀伐并用、恩威并举，但未能扭转纱窗日落渐黄昏的大唐颓势。乾符年间，有个名落孙山的落魄考生，在长安城赏花归去，写下了《不第后赋菊》诗：

待到秋来九月八，我花开后百花杀。

冲天香阵透长安，满城尽带黄金甲。

这个人就是黄巢。

黄巢年轻的时候曾与同乡人王仙芝以贩卖私盐为业。僖宗乾符元年（874年），河南持续发生水旱饥荒，民不聊生，各地流传着"金色蛤蟆争努眼，翻却曹州天下反"的民谣，一时人心惶惶。不久，王仙芝在河南长垣起义，很快攻陷曹州，农民军南征北战，发展神速。

其后王仙芝战死，众将推黄巢为主，号称"冲天大将军"，改元王霸。此后，义军转战千里，南袭广州，"欲据南海之地，永为巢穴"，但因瘟疫流行，于是只得北上"以图大利"，几经艰苦鏖战，终于在僖宗广明元年（880年）攻陷长安。黄巢在未攻入长安之前，曾长期流窜，转战数省之地。黄仁宇先生在《中国大历史》中感叹："黄巢渡过长江四次，黄河两次。这为历史上空前绝后的流寇迁徙树立了楷模。"

史料记载，黄巢入长安之时，乘坐金色肩舆，其将士皆披发，束以红绫，身穿锦袍，手执兵器，簇拥黄巢而行。义军浩浩荡荡，"甲骑如流，辎重塞涂，千里络绎不绝"。黄巢军进入长安城后曾谕市民："黄王起兵，本为百姓，非如李氏不爱汝曹，汝曹但安居无恐。"

黄巢起义，沉重打击了唐帝国后期黑暗的统治。黄巢在长安建立大齐政权，改元"金统"。但是政权建立不久，他纵兵屠杀，血流成河，让繁华富庶的长安变成了一座鬼城。

黄巢初进长安，尤憎官吏，将唐官三品以上全部罢黜，"杀唐宗室在长安者无遗"。后来屠杀迅速蔓延，豆卢瑑、崔沆、于琮、刘邺等不服从大齐政权的诏命，张直方等欲谋夺黄巢以报唐皇，因此皆被杀。太子少师裴谂等藏匿民间，被义军搜出后"皆杀之"。库部郎中郑綮拒不投降，"举家自杀"。

"巢怒民迎王师，纵击杀八万人，血流于路可涉也，谓之洗城。"大齐尚书省有人写诗对黄巢这种滥杀无辜的政策进行批评时，"黄巢怒，索能诗者，及尚书省官与门卒，悉抉目倒悬之，城中会作诗者尽杀之"，多达3000余名知识分子被砍头。大齐政权要求"识字的皆从事贱役"，又在长安城上演了一场类似秦始皇焚书坑儒的大悲剧。

黄巢义军公然抢劫越货，大齐政权疯狂没收富豪的财产，号曰"淘物"。为了掠夺长安财富，一度连死人也不放过，盗掘了李唐皇陵，"唐之诸陵亦皆遇盗，惟乾陵独完"。

黄巢虽然建立了农民政权，但却没有出台改革措施用以稳定人心，而是大杀特杀，一味靠血腥的恐怖手段安天下。骇人的杀戮与丧心病狂的抢劫财物，致使长安富室皆赤脚而行。"华轩绣毂皆销散，甲第朱门无一半"，"内库烧为锦绣灰，天街踏尽公卿骨"，韦庄的这些诗句形象地反映了这一血腥事实，富丽繁荣的帝都变成了一座人间地狱。

黄巢"号令所行，不出同（今陕西大荔）、华（今陕西渭南华州区）"，基本上局限于长安一隅。一些地主武装躲入深山，"筑栅自保，农事俱废，长安城中斗米直三十缗"。兼之义军长期习惯于流动作战，并且在长安大肆屠杀，渐渐失掉了民心。

长安再度被唐军收复后，黄巢属下多劝他撤退到江南，但黄巢坚持围困陈州，久攻一年不下，导致被唐军包围。在流窜山东泰山东部虎狼谷时，部将外甥林言叛变，最终黄巢战死，大齐江山成为昙花一现的历史尘埃。

辛亥革命

辛亥革命之际，武昌起义爆发后仅仅 12 天，西安起义便爆发了。武昌城头的枪声刚刚响起，西安街上民谣就在四传："不用掐，不用算，宣统不过二年半。"与武昌起义前的态势一样，在西安，"八月十五杀鞑子"的流言一时间遍布坊间。

1911 年 10 月 22 日，陕西革命党人与哥老会联手，发动西安起义。同盟会、新军、会党首领 30 多人，聚合于西安城南。起义军先占领了军装局，并在此设立临时指挥部，以便联络进行统一行动。接着打开咸宁县和长安县监狱，高呼："举义排满，与汉人商民无关！"要求市民不要惊慌。后来他们逐步占领了藩台衙门和城内制高点之一的鼓楼、陕西巡抚衙门南院门、军事参议官衙门等地。由于行动迅速，加上广大市民群众的有力支援，起义军仅用半日时间，就控制了城内满城以外的大部分地区。10 月 24 日黎明，起义军逐巷搜索，歼灭残敌，清军纷纷逃命。第二天，起义军传令，严禁杀戮，西安城内战事遂告平息。最终西安城迎来了崭新的共和时代。

10 月 27 日，陕西军政府正式成立。军政府下设总务、军政、民政等部，委派官员，开展工作。又设兵马、粮饷、军令都督和东西南北各路招讨使等官职，派兵收复各县，号召在省城读书的学生速到各地宣传西安起义成功的消息，策动各县的反清斗争，建立地方革命政权。数日之间，省城以外各地群众在同盟会和哥老会、刀客的领导下，纷纷举事，关中 40 余县先后树起义旗。

武昌首义后，清廷本打算以陕西、甘肃为基地，以图收复东南。不料陕西竟成为全国最早响应首义的省份之一，陕西的雷霆一击让清朝政府的西北势力分崩离析。陕西民军为保卫革命成果，在军械、粮饷极端缺乏的情况下，在东线（潼关、华阴一带）和西线（长武、邠州、乾州一带）两个战场与清军展开了激烈的战斗，牵制了清军大量兵力，减轻了武昌革命军的压力。同时，陕西革命军又在井勿幕、胡景翼、陈树藩等人率领下，渡过黄河，一举攻下运城，支援了山西革命。

西安起义的成功，从政治上、军事上给了清王朝沉重的打击，有力地支持了南方刚刚建立起来的革命政权，为北方各省的起义树立了榜样，加速了清王朝的崩溃，在辛亥革命史上写下了光辉的一页。井勿幕因此被孙中山称为"西北革命巨柱"！

《辛亥革命在西安》　余凡绘

西安事变

1936 年 12 月 12 日在西安发生的西安事变，是现代史上乾坤再造的大事件。

1931 年，日本发动了蓄谋已久的九一八事变。短短几个月，东北沦陷，继而"平津危急！华北危急！中华民族危急！"，国内国外都充斥着中国应该优先"抗日救亡"还是"内战统一"的争论。面对日寇的步步紧逼，1935 年 10 月，国民政府领袖蒋介石在西安设立了"西北剿匪总司令部"，计划把在抗日战场郁郁不得志的张学良的东北军全部调往陕甘一带，以陕西杨虎城的十七路军作为配合，消灭刚刚经过长征到达陕北的中央红军。

张学良曾经自信地向蒋介石保证"三月之内，我保证消灭共产党"。但是与红军的作战并不顺利，东北军的两个师全被歼灭，加之东北军对不抵抗日寇反而围剿红军不满，怨言颇多，这促使一直在国仇家恨中煎熬的张学良思想逐渐起了变化，中国共产党也加紧做统战工作，以适应全国抗战形势的新发展。

1936 年 10 月至 12 月，蒋介石两次来陕，以游山玩水为名，布置大规模的内战活动。12 月 4 日蒋介石进驻西安临潼华清池行辕，下榻在五间厅。在行辕内蒋介石多次召见张、杨，张、杨则恳求他停止内战，联合共产党共同抗日。蒋介石声称"在杀尽红军、捉尽共匪之前，决不谈抗日之事"，并发出最后通牒，如不听从，就将东北军调往福建，将十七路军调往安徽，由中央军进驻陕西消灭红军。张学良、杨虎城声泪俱下，痛陈利害，始而"劝谏"，继而"苦谏"，终而"哭谏"。但最终二人的劝谏还是无济于事，蒋介石坚称："现在你就是拿枪把我打死，我的剿共计划也不能改变。"

1936年12月9日，西安青年学生举行纪念一二·九运动一周年的游行请愿活动，张学良奉命拦阻学生，被学生的爱国热情进一步感染。他言辞恳切地把学生要求一致抗日的意见转达给蒋介石，结果二人为学生运动又大吵了一通。一次次的失败，使得本就哭谏不成的张学良只好另辟蹊径。在这种情况下，张、杨二人终于下定了兵谏的决心。

12月12日凌晨，蒋介石在寝室听见枪声，从后窗仓皇出走，匿身于西绣岭虎斑石处的草丛中，被搜山部队发现后送往西安，扣押起来。同时，和蒋介石一起来到西安的国民政府军政大员陈诚、卫立煌、蒋鼎文等也被软禁。兵谏获得初步成功。

12日晚上，张学良曾经对下属说："我这个人胆大包天，现在我把天捅了个大窟窿，这件事究竟怎样收场，现在全中国的命运在我们手里攥着，我们不能胡闹，我们要对全中国人负责！"经过研究，张、杨做出的第一个"补天计划"是宣布取消"西北剿匪总部"，成立抗日联军西北临时军事委员会，张、杨分任正、副委员长。通电全国提出改组南京国民政府，停止内战，释放救国会领袖及一切政治犯，开放民众爱国运动，保障人民集会、结社自由，实行孙中山遗嘱，召集救国会议等 8 项主张。同时致电中共中央，要求派代表到西安共商团结抗日大计。

在这一紧急事态下，以毛泽东为首的中共中央审时度势，派遣周恩来等人于 12 月 17 日来西安和张、杨商洽时局，宋美龄、宋子文和国际友人端纳也冒着政治风险先于 12 月 13 日来到西安。国民政府、张杨事变一方、中共中央本着谋求最大最稳妥的解决办法的原则，站在为民族国家最大利益计的立场，历经艰苦谈判，终于达成了一致抗日的协议草案。12 月 25 日，蒋介石在人格担保、口头承诺绝不再"剿共"之后，在张学良的陪同下飞离西安。西安事变得以和平解决。

西安事变无疑成为中国十年内战局面的转折点。英国记者勃脱兰在写中日战争时，第一句就是："中日战争的第一枪是从骊山的华清池边响起的。"张、杨二位爱国将军，采用兵谏的非常手段，终于让抗日的民主联合政府在战时得以实现。

这场现代历史上惊心动魄的西安事变，具有发生的必然性。因为亡国灭种的危机，让张学良、杨虎城备受精神煎熬，也让联合抗日成为全国上下的主流思想。但是这次事变也具备一定的偶然性，国共两党在事发以前皆不知情，因此事变当晚，双方都曾短暂地陷于一片混乱。

西安事变拨开了人们心头的迷雾，使得中国共产党高呼的"兄弟阋于墙而外御其侮"得以实现，让"救亡、联合抗日"深入人心，成为扭转时局的关键。

《兵谏一九三六》　王西京绘

师 众星曜日

《彖》曰：师，众也。贞，正也。能以众正，可以王矣。刚中而应，行险而顺，以此毒天下。

一将功成万骨枯，长安城的历史，不仅镌刻着无数帝王、文士的风采，也融入了军人风餐露宿的艰辛，浇灌出"匈奴未灭，何以家为"的豪杰风骨。

王翦父子

打仗亲兄弟，上阵父子兵。王翦父子的英雄人生即是如此。

王翦是频阳东乡（今陕西富平）人，"少而好兵"，精通阵法，被秦王政任为将军。公元前 236 年，他初战就攻拔赵国 9 座城池，斩首 10 万敌军；公元前 229 年，他再次伐赵，直下井陉，巧施反间计，使得赵王错杀名将李牧，劲敌一去，王翦得以大败赵军，攻克邯郸，俘虏赵王迁，基本灭赵。两年后，王翦挥师燕国，大败燕代联军，攻克燕都蓟城，燕王喜只得逃往辽东，王翦连破两国，威震天下。

公元前 224 年，王翦率 60 万大军伐楚，嬴政曾许诺"空秦国甲士而专委"于王翦，但在青年将领李信自言只需 20 万即可灭楚的情况下，始皇帝任用李信。当李信进军楚国受挫时，秦王又亲自向王翦求救：

> 始皇闻之，大怒，自驰如频阳，见谢王翦曰："寡人以不用将军计，李信果辱秦军，今闻荆兵日进而西，将军虽病，独忍弃寡人乎！"

王翦说："大王必不得已用臣，非六十万人不可。"继续要求出兵 60 万，秦王政只得诚恳地回复他"为听将军计耳"！

嬴政征集全国所有甲士，使关中男丁全部从军，悉数交给王翦指挥，并亲到霸上送行。

王翦伐楚采取坚壁不战策略，等到项燕统率的楚军疲惫，一举出击，大破楚军，追杀项燕；次年俘获楚王负刍，彻底灭楚。

王翦之子王贲作为将门虎子，久经历练。他兵围魏国大梁，引黄河之水灌城，顺利灭魏。后远征辽东，彻底扫荡燕国残余势力，俘虏燕王喜，回师途中又攻占赵国仅存的代郡，俘虏自称代王的公子嘉。在平定北疆以后，王贲挥师灭齐，俘虏齐王建，消灭了关东最后一国，为秦之统一天下的大业画上了圆满的句号。

王翦父子起于布衣，在不到 10 年时间中，攻灭五国，横扫天下。公元前 219 年秦始皇东巡大海，在琅琊台刻石记功，王翦名列榜首，可见其功之大。

蒙恬兄弟

王翦在削平群雄的战争中居功至伟，蒙恬则在抵御外敌中威震天下。

蒙恬出生在将军世家，自幼喜好文学，曾经出任过秦国的司法官员，后来首战齐国就大破齐军，一战成名。在秦始皇统一天下以后的巩固边防的战略中，蒙恬指挥 30 万大军北击匈奴，收复了今内蒙古河套以南广大地区，从此胡人不敢南下牧马。

蒙恬还受命督修长城、秦直道、始皇帝陵等浩大工程，长年为秦帝国奔波劳心、兢兢业业。当时的始皇帝对蒙恬和他的弟弟蒙毅宠信有加，"恬任外事而毅常为内谋"，"诸将相莫敢与之争焉"。

蒙恬不仅是功勋卓著的名将，还是很有谋略的政治家。始皇帝去世后，赵高发动沙丘政变，蒙恬因为和扶苏远在塞外，失去先机，被囚阳周，生命危在旦夕，秦公子婴为蒙恬在秦二世面前说情，把他视为国家干将：

今蒙氏，秦之大臣谋士也，而主欲一旦弃去之，臣窃以为不可。臣闻轻虑者不可以治国，独智者不可以存君。

蒙恬自述也是意味深长：

今臣将兵三十余万，身虽囚系，其势足以倍畔。然自知必死
而守义者，不敢辱先人之教，以不忘先主也。……愿陛下为万民
思从道也。

蒙恬是秦帝国举足轻重的政治人物，始皇帝遗诏曾经决定让
蒙恬统领天下兵马。赵高将遗诏密而不发，他与丞相李斯谋划，
希望把李斯拉到自己的战线上：

"君侯自料能孰与蒙恬？功高孰与蒙恬？谋远不失孰与蒙
恬？无怨于天下孰与蒙恬？长子旧而信之孰与蒙恬？"李斯曰：
"此五者皆不及蒙恬，而君责之何深也？"

李斯的回答无疑是诚恳的，因为他并非一个谦虚的人。在李
斯、赵高这些政敌心中，蒙恬能力更强、功劳更大，更有谋略也
更深得民望，而且他早已得到了公子扶苏的信任，即将成为未来
新政权辅政的不二人选。

如果"刚毅而武勇，信人而奋士"的扶苏得以顺利登基，用
蒙恬为相，秦帝国也许还能延续始皇帝开拓的新气象！很可惜，
秦帝国并没有按照始皇帝遗诏的选择走下去。扶苏被假诏书赐死
后不久，蒙恬也怀着无限的遗憾吞药自杀，令将士和民众怀念

不已。

　　蒙恬作为秦帝国的军事统帅，为秦帝国的开创和巩固做出了巨大的贡献。蒙恬具备儒雅的政治家气质，这是秦始皇一度开明的文化政策结出的硕果。蒙氏家族的升迁，正表现了秦帝国唯才是用的有效治国机制。蒙恬和蒙毅兄弟在秦始皇死后的冤死，是帝国自毁长城的愚蠢行为，而秦的二世而亡，正是这种愚蠢行为所必然导致的政治恶果。

卫青舅甥

汉武帝时期一改汉初推行的娄敬和亲政策，辟远开疆，经营丝绸之路。一时间名将荟萃，功业与蒙恬匹敌的大将军卫青横空出世。

卫青出身低贱，原是平阳公主家女奴卫媪与人私通所生。卫媪后来所生的次女就是成为皇后的卫子夫。

"青为侯家人，少时归其父，其父使牧羊。先母之子皆奴畜之，不以为兄弟数。"卫青在恶劣的环境下生活，受尽了苦难，在他的性格形成上打下了深深的烙印。

元光六年（前129年），匈奴兴兵南下，汉武帝果断地任命卫青迎击匈奴。这次用兵，分四路出击。其他几路均无功而返，只有卫青直捣龙城，取得胜利，龙城之役在汉匈交战史上具有划时代的意义。汉朝自高祖刘邦建国以来，屡屡受到北方匈奴的掠夺羞辱，如高祖"白登七日"之困，吕后受冒顿单于书信之辱，孝文帝十四年匈奴14万骑大入关，斥候一度略至长安附近的甘泉，以及匈奴频频对汉朝边郡和百姓的烧杀劫掠等，匈奴可谓汉朝的心腹大患。卫青的龙城胜利打破了自汉初以来"匈奴不可战胜"的神话，大大鼓舞了汉军士气，为以后的进一步反击打下了良好的人心基础。

元朔二年（前 127 年），匈奴集结大量兵力，进攻上谷、渔阳。武帝派卫青率大军进攻久为匈奴盘踞的河南地。这是西汉对匈奴的第一次大战役。卫青率领 4 万大军从云中出发，采用"迂回侧击"的战术，迅速攻占高阙，切断了驻守河南地的匈奴白羊王、楼烦王同单于王庭的联系。此役汉军活捉敌兵数千人，夺取牲畜 100 多万头，完全控制了河套地区。汉廷设置朔方郡，从内地迁徙 10 万人到那里定居，还修复了秦时蒙恬所筑的边塞和沿河的防御工事，不但解除了匈奴骑兵对长安的直接威胁，也建立起了进一步反击匈奴的前方基地。此仗汉军"全甲兵而还"。元朔五年（前 124 年）春，汉武帝命卫青率兵 10 万进击匈奴。大军急行军六七百里，趁着黑夜包围了右贤王的营帐。此役俘虏了右贤王的小王 10 余人，男女 1.5 万余人，牲畜几百万头，标志着汉匈对峙优势的天平已经倾向于汉了。

霍去病是卫青的外甥，他的母亲卫少儿是卫子夫的姐姐。霍去病 18 岁时，因卫子夫的关系做了侍中大夫。年轻有为的霍去病有："匈奴未灭，何以家为？"之志。卫青任命霍去病为校尉，带领 800 名骑兵，脱离大军在茫茫大漠里奔驰数百里奇袭匈奴，霍去病斩敌 2028 人，杀匈奴单于祖父，俘虏单于的国相及叔叔，功封"冠军侯"。

元狩二年（前 121 年），霍去病自成一军，出兵陇西，主攻匈奴右部，大军越过焉支山，在皋兰山与匈奴短兵相接，大获全胜，杀匈奴二王，俘灭浑邪王子及其相国、都尉等，歼灭 8900

人，缴获休屠王的祭天金人。这年夏天，霍去病再度出击北地，越居延海，过小月氏，挺进祁连山，斩杀 3 万人，匈奴遭到毁灭性打击，作歌曰："亡我祁连山，使我六畜不蕃息；失我焉支山，使我妇女无颜色。"

匈奴河西失败后，发生分裂，浑邪王和休屠王密谋降汉，后休屠王反悔，为浑邪王所杀。霍去病再次出击河西，果断迅速粉碎了对抗势力，迎接浑邪王及其部众 4 万人来降。后来这部分匈奴被安置在河西四郡，也就是武威、酒泉、张掖、敦煌，从此西域通路彻底打通。

为彻底击溃匈奴，元狩四年（前 119 年）春，大将军卫青、骠骑将军霍去病各率精锐骑兵 5 万人，连同步兵数十万人，分作东西两路，远征漠北，史称漠北决战。

卫青大军北行 1000 多里，跨过大沙漠，与匈奴军遭遇。卫青临危不惧，派出 5000 骑兵向敌阵冲击。战事惨烈相持，黄昏时分，忽然刮起暴风，一片黑暗，双方军队互相不能分辨。卫青乘机派出两支生力军，从左右两翼迂回到单于背后，伊稚斜单于大为震动，在数行精骑的保护下奋力突围远遁。卫青大军一直前进到寘颜山赵信城（今蒙古国乌兰巴托市西），此战汉军斩杀并俘虏匈奴官兵 1.9 万多人。霍去病北进 2000 多里，与匈奴左贤王的军队激战，俘获了匈奴 3 个小王以及将军、相国、当户、都尉等 83 人，消灭匈奴 7 万多人，左贤王败逃而去。

漠北决战，匈奴主力丧尽，再也没有能力南下侵扰汉朝。从此以后，匈奴逐渐向西北迁徙，"漠南无王庭"，匈奴对汉朝的军事威胁彻底解除了。

　　家奴出身的卫青变成了贵极人臣的大将军后，朝中官员无不巴结奉承。适时，平阳公主寡居在家，要在列侯中选择丈夫。许多人都说大将军卫青合适，平阳公主却认为卫青出身低下且从前是她的下人和随从，便婉拒了。但此时卫青已今非昔比，不仅自己是大将军，而且姐姐是皇后，3个儿子也都封了侯，富贵震天下，汉武帝便做主允婚。时迁事易，当年的仆人就这样做了公主的丈夫，平阳公主死后，与卫青合葬，成就了一段佳话。

李靖甥舅

人们对古典神话小说《封神演义》中哪吒的父亲陈塘关的李靖，也就是《西游记》中的托塔李天王耳熟能详。其实这是小说的加工和改造，真实的李靖并不是商末周初的人，而是盛世大唐的第一名将，是帝国的开国元勋。

魏晋南北朝 400 多年的大分裂，最终被隋唐统一，而在两场统一全国的恢宏战争中，李靖和他的舅舅韩擒虎可谓居功至伟。

韩擒虎是隋朝名将，原名擒豹，据说曾经赤手空拳擒住了一只猛虎，因此改名擒虎。"少慷慨，以胆略见称，容貌魁岸，有雄杰之表。性又好书，经史百家皆略知大旨。"其一生最著名的事迹就是南下灭陈，直捣金陵。

开皇元年（581 年），隋文帝杨坚计划吞并江南、统一天下，认为韩擒虎有文武之才，于是任命他出任大隋庐州总管，镇守江北要地庐江，为统一全国、南下灭陈运筹帷幄。经过 7 年的准备，开皇八年（588 年）冬，韩擒虎率军攻陈，他亲领 500 名精锐夜渡长江，奇袭陈国要塞采石，仅半日即攻克姑苏。大军所到之处，陈军只要听到韩擒虎的名字，皆望风归降，不久隋军即攻陷朱雀门，占领首都建康城，俘虏了陈国后主陈叔宝。此事杜牧曾经有诗歌描述："整整复斜斜，随旗簇晚沙。门外韩擒虎，楼头张丽华。"

韩擒虎挥军灭陈，是大隋统一全国的主要战役，韩擒虎也因此战而名垂青史，隋文帝杨坚曾赞叹韩擒虎的军功说："申国威于万里，宣朝化于一隅，使东南之民俱出汤火，数百年寇旬日廓清，专是公之功也。高名塞于宇宙，盛业光于天壤，逖听前古，罕闻其匹。"

韩擒虎称得上是魏晋南北朝乱世的终结者，其定国之功勋，可谓一世无双。《隋书》曾记载有关于韩擒虎的一个有趣故事。

突厥使臣来朝拜隋朝皇帝，文帝对他们说："你们听说江南有陈国天子吗？"他们回答说："听说过。"文帝遂让侍从带领突厥使臣到韩擒虎面前，说："这就是俘虏陈国天子的大将军。"韩擒虎狠狠地看了突厥使臣一眼，使臣非常恐惧，竟不敢抬头看他，可见其正气凛然。

遗憾的是，结束数百年分裂，使天下再次一统的大隋朝国祚短暂。当名将韩擒虎去世的时候，他的外甥李靖大约21岁了，与隋帝国短命的悲剧不同的，李靖的个人功绩在隋唐的更迭之中得以彪炳史册。

由于受家庭的熏陶，李靖从小就有文武才略，又颇有进取之心，他少年时代曾对父亲感慨："大丈夫若遇主逢时，必当立功立事，以取富贵。"

舅舅韩擒虎，也非常看好这个外甥，两人经常一起讨论军事，竟生出英雄相惜之感，韩擒虎称赞这个小外甥说："可与论孙、吴之术者，惟斯人矣。"

隋朝名将杨素也对这个青年人青眼相加，曾经指着自己的相座对李靖说："以后，你也会坐到我这个位置。"

隋朝末年，天下大乱，李靖一度想效忠隋炀帝，结果被太原起事、刚刚攻克长安的李渊擒获，即将被杀之际，李靖大呼："公起义兵，本为天下除暴乱，不欲就大事，而以私怨斩壮士乎！"李世民赏识他的才识和胆气，因此求情。李靖从而获释，并改投李世民麾下。

良禽择木而栖，良臣择主而侍。李靖遇到李世民，得以施展毕生才华，开始了运筹帷幄、决胜千里的军旅生涯。

武德三年（620年），为削平南梁萧铣割据势力，高祖李渊调李靖赴夔州平定萧铣。李靖率数骑赴任，多方谋划，最终得以击败蛮兵，俘虏甚多。

史诗记载其时：

靖率兵八百，袭破其营，后又要险设伏，临阵斩肇则，俘获五千余人。高祖甚悦，谓公卿曰："朕闻使功不如使过，李靖果展其效。"因降玺书劳曰："卿竭诚尽力，功效特彰。远览至诚，极以嘉赏，勿忧富贵也。"

武德四年（621年）正月，李靖上陈攻灭萧铣的十策。李渊遂擢任李靖为行军总管，"三军之任，一以委靖"。李靖实际上已成为三军统帅，他也不负圣望，深谋远虑，以迅雷不及掩耳之势平定江南。

李靖仅用了两个月的时间，即消灭了江南最大的割据势力南梁。可以说，大唐开国之初，能将江南半壁纳入版图，基本是李靖的功劳。

其后李靖又率军安抚岭南，消灭辅公祏割据势力，因战功卓著，天下震惊，连曾经想杀他的高祖也折服说："古之名将韩信、白起、卫青、霍去病，岂能及也。"

李靖一生最大的功业，在于反击东突厥，平定吐谷浑。如果说曾经大汉帝国面临的主要敌人是匈奴，大败匈奴依赖卫青、霍去病这对舅甥；那么大唐帝国面临的主要敌人就是突厥，当年其舅韩擒虎曾用自己的凛然正气使突厥使臣震骇，如今外甥李靖则是用自己的军事才能建立勋业，让突厥人望风而逃。

武德八年（625年），突厥颉利可汗率10余万人大举进犯太原（今山西太原西南）。李渊命李靖为行军总管。不久，又调李靖为灵州道行军总管，以抗击东突厥。其后李世民登基，突厥再次南侵，因长安城守军不足，太宗只得冒险亲临渭水桥，与颉利可汗结城下之盟，突厥才退兵北去。

为一扫突厥势力，贞观四年（630年）正月，朔风凛冽，李靖率领3000名精锐骑兵，日夜突进，在夜幕掩护下，一举俘获居于突厥的隋齐王杨暕之子杨政道及原炀帝萧皇后，颉利可汗仓皇远遁。太宗为此高兴地说："汉朝李陵带领五千步卒进攻匈奴，最后落得归降匈奴的下场，尚且得以留名青史。李靖以三千骑兵深入敌境，攻克定襄，威震北狄，这是古今所没有的奇勋，足以雪往年在渭水与突厥结盟之耻。"

是年二月，李靖虽知突厥正与太宗在谈判归降之事，但认为此时正是其防御懈怠、可一战攻灭的千载良机，于是"将在外，君命有所不受"，率军突袭阴山，杀死隋义成公主。颉利可汗在仓皇逃跑之中被唐将李道宗擒获，东突厥从此宣告灭亡。蔡东藩曾评价此事说："李靖奇袭之术，仍用韩信袭齐之故智，李世勣又抄截突厥后方之生命线，故东突厥迅即陷于灭亡。"

自隋朝以来，突厥是西北的强国。李靖挥师北上，攻灭东突厥，不仅解除了唐朝西北边境的最大祸患，同时也洗刷了李渊与李世民向突厥屈尊的耻辱，立下了不朽功绩。

贞观九年（635年）发生了吐谷浑进犯凉州的事件，李靖其时已经64岁高龄，且有脚疾，但毅然披挂上阵，出任西海道行军大总管，指挥五路大军，发动了一场大规模的反击吐谷浑的战争，经过两个月的浴血奋战，攻灭了吐谷浑。

5年之后，李靖的妻子去世，李世民感动于李靖的军功，诏令坟茔规格依照汉代卫青、霍去病的旧例，把坟墓修筑成突厥境内的铁山、吐谷浑境内的积石山的形状，以此表彰他北破突厥、西灭吐谷浑的卓绝战绩。

李靖是王佐之才，在其一生的戎马生涯中，他指挥了南平萧铣、辅公祏，北灭东突厥，西破吐谷浑的重大战役，都取得了辉煌的胜利，这不仅因为他勇敢善战，更因为他有着卓越的军事思想与理论。他根据一生的实践经验，写出了许多优秀的军事著作，但今天已经湮没在历史的浩瀚岁月之中。现存有《唐太宗李卫公问对》一部，一般认为此书是熟悉唐太宗、李靖思想的人根据他们的言论所编写的，系唐太宗李世民与卫国公李靖多次谈兵的言论辑录。

《唐传奇》中有著名的篇章《虬髯客传》，描写李靖在隋朝末年，于长安拜访当时隋朝权臣司空杨素，杨素家伎红拂对李靖一见倾心，随之私奔，途中李靖、红拂结识豪侠张虬髯，三人最终一同投奔李世民的传奇故事。

其实红拂女、虬髯客都是传奇小说的虚构，但之后李靖、红拂的爱情故事影响愈来愈烈，民间更把李靖、红拂、虬髯三人并称为唐初"风尘三侠"。

种家儿孙

世人知晓岳将军、杨家将的不少，其实在北宋时期，长安的种家军也是威震天下的。

种家军的开创者是北宋名将种世衡，他作为大儒种放的侄子，因门荫而走上历史舞台。

种世衡年少时秉持叔叔种放的儒生之气，喜好读书，当时有兄弟想分其资产，他毫不犹豫，竟然全数给予，唯独图书全部收存，奉为至宝。其开始外出为官，也秉持造福一方的态度，清正廉洁，不谋私利，因此仕途多舛。

种世衡的军事才能得以凸显，是在镇守西北、对抗西夏的时期。当时北宋孱弱，西夏崛起，朝廷在西部边地用兵，守备不足，种世衡建议，延州东北 200 里有故宽州，请求以其被废弃的城垒而兴建，用来抵挡西夏大军，他认为如此右可稳固延安的形势，左可运来河东的粟米，向北可图取银州、夏州的旧地。

朝廷任命他负责筑城，种世衡一边战斗一边筑城。当时该地地形险恶且缺乏水源，众将皆认为不可防守。凿地 150 尺，才碰到石头，建筑工匠也认为石头不可凿穿。种世衡下令一畚碎石付酬 100 钱，历经千辛万苦，终于得到泉水。城筑成后，赐名"青涧城"。

以这座城为起点，种世衡开始了收服西北诸羌番部落的运动。他雪中践约的故事广为传唱：

种世衡与奴讹约定，第二天当到其帐舍去慰劳部落。当晚下大雪，有 3 尺深，左右侍臣说："地势险恶不可前去。"种世衡说："我正要结信于诸羌，不可失约。"于是沿险而进。奴讹正睡在帐中，认为种世衡必定不能到达，没想到种世衡一诺千金，奴讹起而大惊说："在此以前从没有官员到我部落，您是不怀疑我们的！"于是率领他的部众环绕下拜表示听命。

让西夏闻风丧胆的种家军，就是种世衡一手创建的。他不但打仗勇猛，而且足智多谋，这些计谋被他广施于抗击西夏的战争中。比如种世衡手下有一员番将，因犯下过错惹怒种世衡遭到杖刑，这名部将遂投奔到西夏李元昊帐下。李元昊收为心腹，参与西夏最高军机，没想到这名番将最后竟回到青涧城，并带回大量西夏的最高军事机密。事后人们才恍然大悟，原来这是种世衡所使用的苦肉计策。

从种世衡开始，种家成了将门，家族内出过的将军前仆后继，堪称名将世家。以家学而言，他们也都为读书之材，堪称儒将。种世衡有八子，其中种诂、种诊、种谔各统领种世衡军之一部，世称"三种"。以军功而言，种谔、种谊最为知名，种谔被敬称为"老种经略相公"，多次大败西夏军；种谊更是纵横陕北防线，时人称"得种谊，胜精兵二十万"。

第三代种家将更有种朴、种师道、种师中、种师闵等人，最知名的当然是被称为"小种经略相公"的种师道。种师道是文武全才，少时曾跟随关学大儒张载求学，后来从事武职。他用兵老成，攻西夏、抗辽都很有战绩，曾为保静军节度使，主战派的顶梁柱。可惜时代变迁，北方的战事却丝毫没有停止的迹象，宋廷不听种师道连辽抗金的主张，而是连金灭辽，被金看破实力，金灭辽后又大举攻宋，在此危局之下，朝廷又想到了老将种师道，派人请他出山力挽狂澜。

种师道闻命后自行组织军队，东行勤王。但未料到前线战局崩溃如此之快，金军已直指汴京而来，兵临城下。宋钦宗临危继位，改元靖康。种师道军到达汴京后，钦宗任命种师道为宋军总统领，很快逼退了金兵。后来朝廷内部争斗，未能用种师道之计，遂导致金人卷土重来，种师道之弟种师闵、种师中以及担任将领的二子、三孙都战死沙场。种师道再次赶往汴京，劝宋钦宗迁往长安，钦宗不听，最终76岁的种师道染病而终。半年后就发生了靖康之耻，北宋灭亡。据说钦宗曾后悔地哭道："不用种师道言，以至于此！"

种师道死后，侄子种洌扶柩西归，准备葬于长安神禾原祖茔，路上遇到强盗，强盗得知是种师道的灵柩，都下拜致奠，反赠金钱以致意。

北宋初年这一名将家族与北宋的国运产生了极其紧密的联系，一个堪比杨家将和岳家军的种氏家族，以巨大的付出和牺牲，向危难中的国家贡献了一切。

离

穷变通久

《彖》曰：日月丽乎天，百谷草木丽乎土，重明以丽乎正，乃化成天下。

《周易·系辞下》云："神而化之，使民宜之。《易》，穷则变，变则通，通则久。"《易·系辞下》说："为道也屡迁，变动不居……不可为典要，唯变所适。"

穷则变，变则通，通则久。如果要保持事物的永恒生命，就应该具备不断发展的眼光，实践与时俱进的理念，坚持改革思维和延续创新的能力。在中国历史上，虽然鲁迅曾经感慨："可惜中国太难改变了，即使搬动一张桌子，改装一个火炉，几乎也要血；而且即使有了血，也未必一定能搬动，能改装。"但在长安这片土地上的志士仁人们，还是前赴后继，变革创新。

宣王强国

周宣王即位于公元前 827 年，此时周王朝刚刚经过国人暴动、共和行政的政治纷乱期，少年天子宣王"内有拨乱之志，侧身修行，任贤使能，经营四方，锡命诸侯"，周室因此出现了一段时期的中兴局面。

刚经过祸乱的文武群臣，尤其周、召二公，把匡复周室的重任寄托在宣王身上。宣王首先要在政治上有一番革新，使当时周王朝的颓废风气为之一变。因宣王的奋发有为，"苟日新，日日新"，为西周王朝开启了一个崭新的大时代。

西汉刘向《列女传·周宣姜后》记载了一个故事：

周宣姜后者，齐侯之女也。贤而有德，事非礼不言，行非礼不动。宣王尝早卧晏起，后夫人不出房，姜后脱簪珥，待罪于永巷，使其傅母通言于王曰："妾不才，妾之淫心见矣，至使君王失礼而晏朝，以见君王乐色而忘德也……敢请婢子之罪。"王曰："寡人不德，实自生过，非夫人之罪也。"遂复姜后而勤于政事。

汉儒多认为这讲述的是周宣王中年疏于政事，姜后脱簪以谏，宣王因之改过而勤于国政之事。其实这件事更可能发生在宣王即位初期。

宣王即位，为稳定政权，争取诸侯的支持非常重要。齐国是东方大国，开国者是姜太公，太公在西周肇造中是第一元勋，因此天子曾经让召康公宣命姜太公，赐予齐国"五侯九伯，女实征之"的军事征伐特权，希望以齐国之强夹辅周室，安定天下。宣王即位之后，迎娶姜后，巩固姬姜联盟，也是一种政治战略，因此姬、姜的婚姻自然有着浓厚的政治实用色彩。

姜后本是齐侯的女儿，可惜历史上没有留下她的名字，但这位王后从小就受到良好的教育。她不但长相姣好，而且十分贤德。不合礼之言必不说，不合礼之事必不做，因此深得周宣王宠爱。姜后非常警惕宣王因女色而荒废政事，因此积极劝谏宣王要以江山为重。我们从上面的故事中可以看到即位不久的宣王善于纳谏，知错能改，勤勉政事的明君风范。

"呦呦鹿鸣，食野之苹。我有嘉宾，鼓瑟吹笙。"其展现了宣王时期西周王庭中群贤毕至、嘉宾云集、君臣同心、琴瑟合鸣、互敬互融的完美政治情态。

"贤才能人"是国家治理的重要智力因素，宣王致力于选拔各种人才，虚心而真诚，一时之间群贤毕至、少长咸集，朝堂之上人才济济，蔚为大观。

史载宣王在位期间，积极进用贤良，樊仲山甫、尹吉甫、程伯休甫、虢文甫、申伯、韩侯、显甫、南仲、方叔、仍叔、邵穆公、张仲这些干吏能臣都是一时之选。辅佐宣王，股肱时局的卿佐不仅人数众多，而且各怀绝技。

其中最出名的尹吉甫善于用兵，独当一面，曾经指挥著名的太原战役，大破猃狁，威震天下，又长于出使，收取南淮夷贡赋。尹吉甫更是著名的诗人，今天我们看到的《诗经》可能是他负责编纂的，其中不少诗篇是尹吉甫自作用以歌颂宣王中兴时期的王庭之盛，以至谢安石询问侄女谢道蕴《诗经》之中何句最佳时，这位天才少女也极力推崇答道："吉甫作颂，穆如清风。"《诗经·六月》称赞尹吉甫是"文武吉甫，万邦为宪"。西周以后的王朝更把尹吉甫推崇为忠义至尊的化身，后世王公大臣们一直将他视作做人为官的典范。

周宣王治下四海无波，国势蒸蒸日上，作为太平天子，自然志得意满，为了向诸侯显示天威，宣王在诸侯大会之前进行了规模浩大的营建宫室活动。

《诗经·小雅·斯干》描述的就是宣王在营建宫室的盛况：

秩秩斯干，幽幽南山。如竹苞矣，如松茂矣。兄及弟矣，式相好矣，无相犹矣。

似续妣祖，筑室百堵，西南其户。爰居爰处，爰笑爰语。

约之阁阁，椓之橐橐。风雨攸除，鸟鼠攸去，君子攸芋。

如跂斯翼，如矢斯棘，如鸟斯革，如翚斯飞，君子攸跻。

殖殖其庭，有觉其楹。哙哙其正，哕哕其冥，君子攸宁。

下莞上簟，乃安斯寝。乃寝乃兴，乃占我梦。吉梦维何？维熊维黑，维虺维蛇。

　　大人占之：维熊维黑，男子之祥；维虺维蛇，女子之祥。

　　乃生男子，载寝之床，载衣之裳，载弄之璋。其泣喤喤，朱芾斯皇，室家君王。

　　乃生女子，载寝之地，载衣之裼，载弄之瓦。无非无仪，唯酒食是议，无父母诒罹。

　　这首诗歌是祝贺周宣王天子宫室落成典礼的。前半部分生动记述了宣王宫殿四周的美妙环境；后半部分主要是祈福，希望周宣王居住新宫能够带来美好的前景：人丁兴旺，万事大吉，永为天子，功业辉煌。

　　宣王的中兴功业，小说《东周列国志》曾在开篇如此称颂：那一朝天子，却又英明有道，任用贤臣方叔、召虎、尹吉甫、申伯、仲山甫等，复修文、武、成、康之政，周室赫然中兴。同时有诗为证：

　　　　夷厉相仍政不纲，任贤图治赖宣王。

　　　　共和若没中兴主，周历安能八百长！

商鞅变法

政治改革是一个沉重的话题。在古代，政治改革者往往是披荆斩棘，甚至最后不得善终。吴起车裂肢解；力图新政的王莽不仅被百姓啖肉，还一直背负着窃国的千古骂名；王安石、范仲淹丢官罢相；张居正尸骨未寒就被抄家，荣衔剥夺殆尽……但改革是第一生产力，穷则变，变则通，通则久。在诸多的变法中，发生于长安这片土地上的商鞅变法，开始了当时社会治国方略的重新选择。

战国时期，各国都进行了变法，其中吴起在楚、李悝在魏、申不害在韩、乐毅在燕，他们都一度让这些国家强大起来，但是人亡则政息，没有一个国家能像秦国这样世代坚持。秦国这种坚韧的精神非常独特，大概和秦人文化中勇于进取、奋斗不懈的性格相关。

公元前361年，年轻有为的秦孝公即位，时年21岁。他继承先王献公遗志，对秦国的前途充满期待。正是这位能干的君主把秦国带入了崭新的历史阶段。

孝公即位，置栎阳为县，他决心弘扬其祖穆公的开拓精神，继承其父创业之雄风，"于是布恩惠，振孤寡，招战士，明赏功"。首先在军事上取得了"东围陕城，西斩戎之獂王"

的振奋民心的胜利。孝公求贤若渴，《史记·秦本纪》记载了他的招贤令：

昔我穆公自岐雍之间，修德行武，东平晋乱，以河为界，西霸戎狄。广地千里，天子致伯，诸侯毕贺，为后世开业，甚光美。会往者厉、躁、简公、出子之不宁，国家内忧，未遑外事。三晋攻夺我先君河西地，诸侯卑秦，丑莫大焉。献公即位，镇抚边境，徙治栎阳，且欲东伐，复穆公之故地，修穆公之政令，寡人思念先君之意，常痛于心，宾客群臣有能出奇计强秦者，吾且尊官，与之分土。

秦孝公的生气勃勃和开放的人才观念传到了在魏国郁郁不得志的商鞅耳朵里面。商鞅本来是卫国人，在魏国大臣公叔痤手下做门客，公叔痤认为他是个人才，曾经举荐给魏惠王，但是魏惠王并不上心。良臣择主而侍，良禽择木而栖，于是商鞅怀着治国平天下的远大理想来到秦国，希望有机会发挥自己的才能。据说，商鞅和孝公的应对非常传奇，第一次见面，商鞅对孝公大谈帝道，孝公昏昏欲睡；第二次他专讲王道，孝公兴味索然；第三回他专讲霸道，即"强国之术"，孝公听得入迷，"不自知膝之前于席也，语数日不厌"。于是商鞅立即被破格提拔，做了秦国的左庶长，得以全面主持变法工作。

在秦孝公的支持下，商鞅实施变法，新法的核心是奖励耕战及强化国家权力。其主要内容是：

一、建立二十级军功爵位制。商鞅规定："宗室非有军功论，不得为属籍，明尊卑爵秩等级，各以差次，名田宅，臣妾衣服，以家次，有功者显荣，无功者虽富无所芬华。"

二、奖励耕战。《史记·商君列传》记载："民有二男以上不分异者，倍其赋。有军功者，各以率受上爵。为私斗者，各以轻重被刑大小。僇力本业，耕织致粟帛多者复其身，事末利及怠而贫者，举以为收孥。"

三、建立县制。"集小乡邑聚为县，置令、丞，凡三十一县。"

四、实行什伍连坐。"令民为什伍，而相牧司连坐，不告奸者腰斩，告奸者与斩敌首同赏，匿奸者与降敌同罚。"

此外还有统一度量衡、平衡赋税的新政策等。

商鞅新法颁布后，首先遭到既得利益集团——贵族的激烈反对。商鞅便将犯法的太傅公子虔的鼻子割掉，给太傅公孙贾的脸上刻字。同时，在渭河滩上杀了700多名抗法的刑徒，从而使新法得以顺利施行。

商鞅变法，给秦国带来天翻地覆的变化，国力得以空前增强。商鞅革新10年，史书上说："秦民大悦，道不拾遗，山无盗贼，家给人足，民勇于公战而怯于私斗，乡邑大治。"

自孝公以后，"商鞅虽死，而秦法未败"。秦国出现了一个新的社会阶级——军功地主集团，从而比较彻底地完成了制度的转化，而这种转化在当时建立了最先进的制度文明。

对商鞅本人而言，强大起来的秦国就是他人生最美丽的画卷。西汉的政论家贾谊曾在《过秦论》中赞叹这段气吞山河的岁月：

秦孝公据崤函之固，拥雍州之地，君臣固守，以窥周室，有席卷天下，包举宇内，囊括四海之意，并吞八荒之心。当是时也，商君佐之，内立法度，务耕织，修守战之具，外连衡而斗诸侯。于是秦人拱手而取西河之外……

文景之治

　　文景之治，一直是历代统治者称颂的盛世，文帝刘恒更是后世历代皇帝的明君楷模。

　　《汉书·食货志》载："汉兴，接秦之弊，诸侯并起，民失作业而大饥馑，凡米石五千，人相食，死者过半。"司马迁也谈起汉初的凋敝民生："自天子不能俱醇驷，而将相或乘牛车。"面对秦汉之际的困局，高祖刘邦和吕后、惠帝在位时都采取休养生息、以孝治天下的措施，使得西汉社会经济逐步恢复。文帝主政，则是西汉初期承上启下、继往开来的时代。

　　文帝本来是刘邦的一个不得宠的妃子薄氏所生，原是没有机会做皇帝的。吕后外戚势力被消灭后，政变大臣周勃等人认为吕后家族是外戚干政，差点毁了刘姓汉室，而刘邦的嫡长孙齐王和淮南王虽然具备血统优势，但是都因为"母家又恶"被排除了继承大统的可能性。而文帝仁孝宽厚，母亲薄氏谨良，加上立长子的传统，遂被大臣拥立为帝。因此文帝在初登皇位时是诚惶诚恐的。

　　即位后，文帝废除了残酷的连坐法。因为齐人淳于意被判肉刑，女儿缇萦上访，请求替父亲受刑，文帝为父女情深所感动，又废除了惨无人道的肉刑。而罢建露台，更是集中体现了文帝时代爱惜民力、勤俭治国的政治风气。

《史记·文帝本纪》说:

孝文帝从代来,即位二十三年,宫室苑囿狗马服御无所增益,有不便,辄弛以利民。尝欲作露台,召匠计之,直百金,上曰:"百金中民十家之产,吾奉先帝宫室,常恐羞之,何以台为!"

文帝因为经济预算原因,注重简朴,节约开支,能够体恤老百姓的疾苦,在古代社会还是很罕见的。

西汉时期,巫术盛行,求仙访道成风。作为皇帝,无不为长生不老所诱惑,但是文帝能够把人事放在神事之前,站在老百姓的立场考虑问题,具有人本主义的政治观。

"百金中民十家之产,吾奉先帝宫室,常恐羞之",西汉统治者能够和普通百姓感同身受,这种爱民之心,体现了孟子所说的"民为贵,君为轻,社稷次之",闪烁着人格的光辉。

流传下来的文帝的遗诏,堪称是一篇很精彩的充溢着民本思想的政治文献。他在遗诏中说:

朕闻盖天下万物之萌生,靡不有死,死者天地之理,物之自然者,奚可甚哀。当今之时,世咸嘉生而恶死,厚葬以破业,重服以伤生,吾甚不取。且朕既不德,无以佐百姓;今崩,又使重服久临,以离寒暑之数,哀人之父子,伤长幼之志,损其饮食,绝鬼神之祭祀,以重吾不德也。谓天下何?……其令天下吏民,

令到出临三日，皆释服，毋禁娶妇嫁女祠祀饮酒食肉者，自当给
丧事服临者，皆无践……霸陵山川因其故，毋有所改。归夫人以
下至少使。

——《史记·文帝本纪》

透过文字，文帝的节俭和政治上的惶恐之心鲜明而生动。他
的陵墓霸陵在今西安灞桥一带，均用瓦器。而且"归夫人以下至
少使"，就是把宫中的妃嫔送回家任其追求幸福，也表现出西汉
社会的女性贞操观念较为淡薄。正是文帝施政的这种质朴无华，
才形成了后来的西汉盛世，显现了西汉王朝布衣将相生机勃勃的
精神气质。

宇文改革

陈寅恪先生曾经说"隋唐时代的兴盛，是以关陇军事贵族集团为基础的"，而关陇集团的肇造，则始于西魏的宇文泰。

宇文泰，据说生下来时有黑气如盖，下覆其身，再看他的脊背，有黑色胎记，于是父亲宇文肱给他取名叫"黑獭"。

当时北魏孝武帝与权臣高欢矛盾激化。永熙三年（534年），孝武帝被高欢击败后，只好投奔盘踞在长安的宇文泰。宇文泰见天子蒙难来奔，喜出望外，遂迎入长安，挟天子以令诸侯。数月以后，宇文泰干脆毒杀孝武帝元脩，推魏孝文帝的孙子南阳王元宝炬为帝，即魏文昭帝，改元大统，创立西魏，建都长安，自己掌握了实权。

宇文泰善于谋略和指挥，在军事上主要依靠来自北镇的军士。为富国强兵、争夺天下，宇文泰重用关中武功人苏绰，在关陇地区推行汉化改革。

苏绰是京兆武功(今陕西武功西)人，少即好学，博览群书，尤善算术。因其兄长是汾州刺史，得以推荐入仕，担任宇文泰的行台郎中，但起初并未获得信重。一日宇文泰与公卿出游，途中询问历代兴亡，只有苏绰滔滔不绝、应对如流，遂与宇文泰抵掌而谈，乃至通宵达旦。苏绰为宇文泰阐述帝王权术与申韩法家思想，宇文泰对手下亲信仆射周惠达赞叹道"苏绰真是奇士"，遂拜为大行台左丞，参与机密。

宇文泰要富国强兵，决心推行汉化，苏绰遂助宇文泰改革制度。曾创制计帐、户籍等法，更在大统十一年（545年），为改革制度所草拟的建言提出了六大原则：治心身，敦教化，尽地利，擢贤良，恤狱讼，均赋役。宇文泰以此颁布《六条诏书》，立于座右，令百官习诵，规定不通计帐法及六条者，不得为官。苏绰所规划的就是汉化改革的纲领。

苏绰在改革中重新颁布均田令和赋税制，重视农桑，减轻租调。在选贤任能上，苏绰提出"今之选举者，应当不限门户特权，唯一标准是以才举人""惩魏齐之失，罢门资之制"，这可谓对以门阀为基础的九品中正制度的釜底抽薪，体现了当年魏武帝曹操"唯才是举"的遗风。此举为以后隋朝的科举制度开了先河。

宇文泰以苏绰为国师，并允其出行时可预署空白印信，遇事先处分后禀告，对其可谓言听计从，推心置腹。苏绰则以天下为己任，鞠躬尽瘁。他对下属慈爱如父、严格如师，备受爱戴推重，终因积劳成疾，44岁病死于任上。

宇文泰在苏绰辅佐下，以均田制和汉化为基础，进行了军政体制改革——创立府兵制，这是西魏经营关中最为杰出的贡献。

大统三年（537年），宇文泰开始整军。在形式上采取鲜卑旧日的八部之制，立八柱国。另任命赵贵、李虎、李弼、于谨、独孤信、侯莫陈崇 6 人为柱国大将军，实际统率六军。每个柱国大将军下有两个大将军，共 12 个大将军；每个大将军下有两个开府，共 24 个开府；每个开府下有两个仪同，共 48 个仪同；一个仪同领兵约千人，一个开府领兵 2000 人，一个大将军领兵 4000 人，一个柱国大将军领兵 8000 人，六柱国合计有兵 4.8 万人左右。这支军队，就是历史上所说的"府兵"。

宇文泰在建立府兵时，采用了鲜卑族原有的部落组织，即八部之制，作为编制新军的蓝本。在士兵和军官之间的关系上，保持鲜卑旧日的氏族关系。宇文泰借用氏族部落的血缘纽带来组织府兵，使官兵之间蒙上了一层宗族的亲密色彩，以加强将领和士兵间的结合，提高府兵的战斗力。

由此形成了关中大族京兆韦氏、杜氏、弘农杨氏、武功苏氏、上谷侯氏、陇西李氏及原关东豪族进入关中的分支河东裴氏、柳氏、薛氏和太原王氏等等，这些家族世代为官，影响深远。例如京兆韦、杜二家，在唐代极为显赫，当时俗称"城南韦杜，去天尺五"。

关陇军事贵族不仅限于有实力的汉族成员，也对一些有军功的庶族甚至奴隶给予优厚待遇。如梁默是安定梁士彦的奴隶，凭借军功当上柱国大将军，跻身贵族上层，这突出体现了关陇军事贵族集团的勃勃生机和军功特征。

宇文泰死后，其子宇文觉建立了北周政权；后又经过短暂的宫廷政变，周武帝宇文邕登上了历史舞台。

宇文邕是宇文泰第四子，生于同州（陕西大荔），聪慧过人，宇文泰曾言："成吾志者，必此儿也。"宇文邕沉毅果敢，具备远见卓识，他积极经营关中，在政治、经济、军事、文化等方面都有卓越建树，但最引起争议的举动是他的毁佛运动。

当时关中佛教寺院万余所，僧侣百万。他们不用服兵役，不纳税，成为关中一个特殊的群体。

天和四年（569年），宇文邕召集文武百官、和尚、道士等2000人，在大德殿共同讨论佛、道、儒之优劣，结果儒家战胜佛、道二教。第二年大臣甄鸾上《笑道论》，指责道教虚诞，长安名僧释道安作《二教论》，请求皇帝为教主，想以此保全佛教。这种争论持续到建德三年（574年），宇文邕宣布在关中废黜佛、道二教，下诏经书佛像全数毁灭，僧尼道士全令还俗。还将寺院财富分配给群臣，寺观塔庙赐予王公，从而获取关陇军事贵族的大力拥护，一时间，关中佛法诛除殆尽，史称第一法难。

北周武帝的火佛运动，为国家积蓄了大量的资材，为隋代的大一统奠定了坚实的物质基础。

关陇军事贵族集团如一轮旭日冉冉升起，预示着长安将行进到中国古代历史的鼎盛时期——隋唐时代。关陇军事贵族集团则是这一时期的领导力量。

巽

文苑英华

六

《彖》曰：柔皆顺乎刚，是以小亨，利有攸注，利见大人。

"随风潜入夜，润物细无声。"中国是一个诗意的国度，长安是《诗经》、汉赋、唐诗诞生的地方；中国是一个艺术璀璨的国度，长安更有秦砖汉瓦、书法绘画等艺术传承千年。熠熠生辉的文学、艺术成果，是长安社会文化和谐融洽的结晶，更是礼乐中国的重要象征。

雅颂长安

中华民族是一个富有诗意的民族，最早的诗《诗经·蒹葭》咏唱的就是长安：

> 蒹葭苍苍，白露为霜。所谓伊人，在水一方。
>
> 溯洄从之，道阻且长。溯游从之，宛在水中央。

透过《诗经》，我们可以触摸到西周社会的真实生活，窥看那时那日的风情长安。孔子说"《诗》三百，一言以蔽之，曰思无邪"；孟子讲"王者之迹熄而诗亡，诗亡然后春秋作"。在孔孟看来，《诗经》作为西周文学的经典之作，代表的就是王道政治。在《诗经》之中，有着西周礼乐社会的诸般风貌。

《文王有声》唱诵"丰水东注，维禹之绩"，长安历史因此可上溯到治水的大禹王时期；而西周从长安出发，发起波澜壮阔的建国革命，在《诗经》中就有更多的反映了。

《文王有声》唱诵"文王受命，有此武功"，可见周人是把建立丰邑的周文王看作建国大业的奠基人的。

及至武王秉承遗志，锐意进取，伐纣剪商，终于经历血流漂杵的牧野战役，攻入商都朝歌，以小邦周倾覆大殷商，一举而得天下，实现了文武革命的改朝换代。《尚书》在总结从长安出发的这段波澜壮阔的周人建国史时情不自禁地感叹说：

> 丕显哉，文王谟！丕承哉，武王烈！佑启我后人，咸以正无缺。

《武》则对文武革命总结道："于皇武王，无竞维烈。允文文王，克开厥后。嗣武受之，胜殷遏刘，耆定尔功。"

这是讲文王在长安为子孙开创了万代千秋，而武王继承文王遗志，并最终克殷成就了旷世功业。

对西周长安为核心的成康盛世，《诗经》中赞叹"自彼成康，奄有四方，斤斤其明"；当周厉王暴政肆虐镐京，又流传着"民亦劳止，汔可小康；惠此中国，以绥四方"的苦苦劝谏，表达了国民希望周廷能够如月之恒、如日之升、如南山之寿的美好愿望。

对西周的国家治理经验，《诗经》分析得头头是道："大师维垣，大邦维屏，大宗维翰，怀德维宁，宗子维城。"仅仅几句话，西周的宗法分封，都邑并行制度，推行德政的施政特色如画龙点睛之笔跃然纸上了。对统治者应该继承和发扬先祖的精神，《诗经》通过"靡不有初，鲜克有终"进行规诫；对品行，则以"敬慎威仪，维民之则"进行督导；对贵族的勤政，则大费笔墨地极力讴歌。如《庭燎》云：

> 夜如何其？夜未央，庭燎之光。君子至止，鸾声将将。
>
> 夜如何其？夜未艾，庭燎晰晰。君子至止，鸾声哕哕。
>
> 夜如何其？夜乡晨，庭燎有辉。君子至止，言观其旂。

　　西周社会建立在血缘宗法制度上，家族是国家的基本因子，家族的团结与否关系重大，《诗经》中对此谆谆告诫说："秩秩斯干，幽幽南山。如竹苞矣，如松茂矣。兄及弟矣，式相好矣，无相犹矣。""常棣之华，鄂不韡韡。凡今之人，莫如兄弟。死丧之威，兄弟孔怀。原隰裒矣，兄弟求矣。脊令在原，兄弟急难。每有良朋，况也永叹。兄弟阋于墙，外御其务。"兄弟虽然可能不睦，但在关键时候必须一致对外，这句话更因抗日战争中被广泛引用，可谓家喻户晓。

　　对西周农业生产的描述，《载芟》的描述仿佛历历在目：

> 载芟载柞，其耕泽泽。千耦其耘，徂隰徂畛。

　　全诗刻画了西周农事开垦、播种直到收获祭祖的情形，反映了农业劳动的生气勃勃和共力合作获取丰收的喜悦。《良耜》更有"百室盈止，妇子宁止"，可见当时西周社会人丁兴旺，建筑业得到了蓬勃发展，新的住宅鳞次栉比，一幢幢高大的屋宇破土而立，《斯干》就说"筑室百堵，西南其户。爰居爰处，爰笑爰

语　”，可以想见当时的国家真是百废待举，日新月异。《无羊》说：“谁谓尔无羊？三百维群。谁谓尔无牛？九十其犉。尔羊来思，其角濈濈。尔牛来思，其耳湿湿。”给我们描绘了西周社会畜牧业生产的繁盛景象。

战争是暴力的表达，但即使是血腥的军事，《诗经》的描绘也充满着人文情怀，《出车》赞美南仲的英勇与忠心：“王命南仲，往城于方。出车彭彭，旂旐央央。天子命我，城彼朔方。赫赫南仲，猃狁于襄。”《采芑》表彰方叔是：“显允方叔，征伐猃狁，蛮荆来威。”《常武》中则赞叹程伯休父：“左右陈行，戒我师旅。率彼淮浦，省此徐土。”寥寥几笔，传神而生动。

西周的盛世，如旭日初升，“凤凰鸣矣，于彼高冈。梧桐生矣，于彼朝阳”；如“南有嘉鱼，烝然罩罩。君子有酒，嘉宾式燕以乐”那般和谐融洽。

西周的自然环境，既有“原隰既平，泉流既清”“芃芃黍苗，阴雨膏之”之富美丰饶，又有“崧高维岳，骏极于天”这样的雄奇瑰丽。

对于朋友，周人热情好客。《鹿鸣》兴致高昂地唱诵“呦呦鹿鸣，食野之苹。我有嘉宾，鼓瑟吹笙”，并且会奉上美酒嘉鱼。《鱼丽》正表达了当时长安朋友聚会的丰美酒宴：

> 鱼丽于罶，鲿鲨。君子有酒，旨且多。
> 鱼丽于罶，鲂鳢。君子有酒，多且旨。

鱼丽于罶，鲿鲨。君子有酒，旨且有。

对于世界和外部关系的认识，周人的视野是开放的，自然融洽的，这体现在《鹤鸣》中：

鹤鸣于九皋，声闻于野。鱼潜在渊，或在于渚。
乐彼之园，爰有树檀，其下维萚。它山之石，可以为错。
鹤鸣于九皋，声闻于天。鱼在于渚，或潜在渊。
乐彼之园，爰有树檀，其下维榖。它山之石，可以攻玉。

西周是君子的国度，因此《诗经》中有大量咏叹君子的佳作。《菁菁者莪》，极尽对君子的恋恋不舍：

菁菁者莪，在彼中阿。既见君子，乐且有仪。
菁菁者莪，在彼中沚。既见君子，我心则喜。
菁菁者莪，在彼中陵。既见君子，锡我百朋。
泛泛杨舟，载沉载浮。既见君子，我心则休。

西周的君子，如"吉甫作诵，穆如清风""南山有台，北山有莱。乐只君子，邦家之基"，能够让人"蓼彼萧斯，零露湑兮。既见君子，我心写兮"。

西周的女子，则"何彼襛矣，华如桃李""巧笑倩兮，美目盼兮" "桃之夭夭，灼灼其华"，娇艳动人。

西周时年轻人的爱情，如"关关雎鸠，在河之洲。窈窕淑女，君子好逑"这般美妙，还如"南有乔木，不可休思。汉有游女，不可求思。汉之广矣，不可泳思。江之永矣，不可方思"这样令人念念不忘。

《诗经》里的很多诗句都表现了周时长安的社会风貌，为后人认识长安、想象长安提供了形象丰富、气质风雅的文学基础。

西京圣歌

与雄浑壮烈的大汉盛世相契，汉赋作为其时的文学形式，极尽文辞之华美、感情之澎湃、想象之雄奇。在两汉的 400 年中，大批的文人以超凡的想象，为我们展示了语言的韵律之美。

汉赋的内容可以分为 5 类：一是抒发不遇之情；二是叙述旅行经历与怀古幽情；三是渲染宫殿城市；四是描写帝王游猎；五是杂谈禽兽草木。

最初的汉赋，也如贾谊的《吊屈原赋》那般怀才不遇：

国其莫我知兮，独壹郁其谁语？凤漂漂其高逝兮，固自引而远去。袭九渊之神龙兮，沕深潜以自珍。偭蟂獭以隐处兮，夫岂从虾与蛭蟥？所贵圣人之神德兮，远浊世而自藏。使骐骥可得系而羁兮，岂云异夫犬羊？

其后的汉赋则如《过秦论》那般的文采斐然、行云流水：

秦孝公据崤函之固，拥雍州之地，君臣固守，以窥周室，有席卷天下，包举宇内，囊括四海之意，并吞八荒之心。当是时也，商君佐之，内立法度，务耕织，修守战之具，外连衡而斗诸侯。

于是秦人拱手而取西河之外……

汉初推行黄老之术，一切从简。汉赋铺排扬厉、堆砌辞藻的风格与当时的社会还有些格格不入，因此善写汉赋、有开荒之功、胸怀天下的贾谊最终郁郁而终。

代之而起的枚乘是梁孝王的门客，他生活于文景之治时期。枚乘创作的《七发》被认为是第一篇名副其实的散体大赋，在汉赋发展史上具有里程碑式的意义。该赋充分显现了腴辞云构、夸丽风骇的散体汉赋的特点，代表着汉代中期社会风气从简要到奢华的巨大转变。诚如《七发》之中"观涛"一节有身临其境之感：

疾雷闻百里；江水逆流，海水上潮；山出云内，日夜不止。衍溢漂疾，波涌而涛起。其始起也，洪淋淋焉，若白鹭之下翔。其少进也，浩浩溰溰，如素车白马帷盖之张。其波涌而云乱，扰扰焉如三军之腾装。其旁作而奔起也，飘飘焉如轻车之勒兵。六驾蛟龙，附从太白，纯驰浩蜺，前后骆驿。颙颙卬卬，椐椐强强，莘莘将将。壁垒重坚，沓杂似军行。訇隐匈礚，轧盘涌裔，原不可当。观其两旁，则滂渤怫郁，暗漠感突，上击下律，有似勇壮之卒，突怒而无畏。蹈壁冲津，穷曲随隈，踰岸出追。遇者死，当者坏。初发乎或围之津涯，荄轸谷分。回翔青篾，衔枚檀桓。弭节伍子之山，通厉骨母之场，凌赤岸，篲扶桑，横奔似雷行，诚奋厥武，如振如怒，沌沌浑浑，状如奔马。混混庵庵，声如雷鼓。发怒庢沓，清升踰跇，侯波奋振，合战于藉藉之口。鸟不及飞，鱼不及回，兽不及走。纷纷翼翼，波涌云乱，荡取南山，背击北岸。覆亏丘陵，平夷西畔。险险戏戏，崩坏陂池，决胜乃罢。澒汨潺湲，披扬流洒。横暴之极，鱼鳖失势，颠倒偃侧，沈沈湲湲，蒲伏连延。神物怪疑，不可胜言。直使人踣焉，洄暗凄怆焉。此天下怪异诡观也……

连一向挑剔的文学家刘勰在《文心雕龙·杂文》也感慨："自《七发》以下，作者继踵。观枚氏首唱，信独拔而伟丽矣！"枚乘参与了平定景帝时期的七国之乱，可谓目睹了西汉从治世到盛世的升腾，《七乘》中的文辞之美，正预示着西汉盛世的汹涌而来。

及至汉武帝时期，国力雄盛。武帝一代天骄，在开创盛世的时候自然更需要文人粉饰升平。班固在《两都赋序》中说："至于武、宣之世，乃崇礼官，考文章，内设金马石渠之署，外兴乐府协律之事，以兴废继绝，润色鸿业……故言语侍从之臣，若司马相如、虞丘寿王、东方朔、枚皋、王褒、刘向之属，朝夕论思，日月献纳；而公卿大臣、御史大夫倪宽，太常孔臧，太中大夫董仲舒，宗正刘德，太子太傅萧望之等，时时间作。或以抒下情而通讽谕，或以宣上德而尽忠孝。雍容揄扬，著于后嗣，抑亦雅颂之亚也。故孝成之世，论而录之，盖奏御者千有余篇……"

天子原本想到了枚乘，可惜他恰恰病死在这个需要他的时候。于是司马相如应运而生了，凤求凰的故事极富传奇色彩，而对于盛世长安，这位风流才子无疑给我们留下了更加璀璨的汉赋华章。

《子虚赋》《上林赋》，如滔滔江水连绵不绝，让我们重回那个势不可当的大汉长安。

传说当时汉武帝传召郁郁不得志的司马相如，是因为看到了他写的《子虚赋》而击节赞赏，甚至认为是古人之作，遗憾不能与作者同游。当时侍奉天子的狗监杨得意推荐了司马相如，于是武帝传召了司马相如。司马相如抓住这个千载难逢的时机，对武帝表示："《子虚赋》写的只是昔日诸侯打猎的事，我愿意为圣上您撰写一篇天子打猎的赋。"于是描写长安上林苑宏大的规模，进而展现大汉天子率众臣在上林苑狩猎的场面，气象盛大的《上林赋》应运而生了：

君未睹夫巨丽也，独不闻天子之上林乎？左苍梧，右西极。丹水更其南，紫渊径其北。终始灞浐，出入泾渭；酆镐潦潏，纡馀委蛇，经营乎其内。荡荡乎八川分流，相背而异态。东西南北，驰骛往来，出乎椒丘之阙，行乎洲淤之浦，经乎桂林之中，过乎泱漭之野。汩乎混流，顺阿而下，赴隘陕之口，触穹石，激堆埼，沸乎暴怒，汹涌彭湃。滭弗宓汩，逼侧泌瀄。横流逆折，转腾潎洌，滂濞沆溉。穹隆云桡，宛潬胶戾。逾波趋浥，莅莅下濑。批岩冲拥，奔扬滞沛。临坻注壑，瀺灂霣坠。沈沈隐隐，砰磅訇磕。滭滭泏泏，湁潗鼎沸。驰波跳沫，汩㶁漂疾。悠远长怀，寂漻无声，肆乎永归。然后灝溔潢漾，安翔徐回，翯乎滈滈，东注太湖，衍溢陂池。于是乎蛟龙赤螭，鯣鳣渐离，鰅鰫鰬魠，禺禺鲑鰽，揵鳍掉尾，振鳞奋翼，潜处乎深岩，鱼鳖讙声，万物众伙。明月珠子，的皪江靡。蜀石黄碝，水玉磊砢，磷磷烂烂，采色澔汗，藂积乎其中。鸿鹔鹄鸨，鴐鹅属玉，交精旋目，烦鹜庸渠。箴疵鵁卢，群浮乎其上。泛淫泛滥，随风澹淡，与波摇荡，奄薄水渚，唼喋菁藻，咀嚼菱藕。

　　这首汉赋词藻富丽，结构宏大，可谓是盛世第一宏文。就连一向谨严的鲁迅观后，也叹服说："武帝时文人，赋莫若司马相如，文莫若司马迁。"

唐诗芳华

　　能与《诗经》、汉赋比肩的也只有唐诗了，唐诗的文学高度，可谓空前绝后。

　　如今的西安大唐芙蓉园中，有著名景观"唐诗峡"，所见所感都展现了唐诗的激越风流与风花雪月。如李白的"飞流直下三千尺，疑是银河落九天""安能摧眉折腰事权贵，使我不得开心颜"，杜甫的"安得广厦千万间，大庇天下寒士俱欢颜"，白居易的"在天愿作比翼鸟，在地愿为连理枝"，王维的"行到水穷处，坐看云起时"……均是千古绝唱。

　　王勃、杨炯、卢照邻、骆宾王的初唐岁月，已有"白毛浮绿水，红掌拨清波""落霞与孤鹜齐飞，秋水共长天一色"的经典名句。卢照邻《长安古意》中，白天"长安大道连狭斜，青牛白马七香车"，夜晚"俱邀侠客芙蓉剑，共宿娼家桃李蹊"，展现了长安社会生活的广阔画卷。

　　盛唐的巅峰时刻更是名家辈出：

　　"诗仙"李白放荡不羁、纵情山水，"日照香炉生紫烟，遥看瀑布挂前川"；他为美丽的女人杨玉环抒写，"云想衣裳花想容，春风拂槛露华浓"；他为友情而感怀神伤，"桃花潭水深千尺，不及汪伦送我情"。他的生活逍遥、率性、随意，仿

《天姥云吟》 范朋杰绘

佛随时都在吟诵：

> 春花秋月入诗篇，白日清宵是散仙。
>
> 空卷珠帘不曾下，长移一榻对山眠。

李白的豪情似乎尽在《将进酒》中：

> 君不见黄河之水天上来，奔流到海不复回。
>
> 君不见高堂明镜悲白发，朝如青丝暮成雪。
>
> 人生得意须尽欢，莫使金樽空对月。
>
> 天生我材必有用，千金散尽还复来。
>
> 烹羊宰牛且为乐，会须一饮三百杯。
>
> 岑夫子，丹丘生，将进酒，杯莫停。
>
> 与君歌一曲，请君为我侧耳听。
>
> 钟鼓馔玉何足贵，但愿长醉不复醒。
>
> 古来圣贤皆寂寞，惟有饮者留其名。
>
> 陈王昔时宴平乐，斗酒十千恣欢谑。
>
> 主人何为言少钱，径须沽取对君酌。
>
> 五花马，千金裘，呼儿将出换美酒，与尔同销万古愁。

"诗圣"杜甫的忧国忧民、严谨持重也有着千般的激情、万般的柔肠,涤荡在盛世长安:

剑外忽传收蓟北,初闻涕泪满衣裳。
却看妻子愁何在,漫卷诗书喜欲狂。
白日放歌须纵酒,青春作伴好还乡。
即从巴峡穿巫峡,便下襄阳向洛阳。

面对颠沛流离的苦难,杜甫的思念如同长安的月色一般清凉:

今夜鄜州月,闺中只独看。
遥怜小儿女,未解忆长安。
香雾云鬟湿,清辉玉臂寒。
何时倚虚幌,双照泪痕干。

"诗佛"王维的境界并非一直是"独坐幽篁里,弹琴复长啸"的清心寡欲,也偶有"劝君更尽一杯酒,西出阳关无故人"的款款深情。王维来到长安,一边享受"薄雾空潭曲,安禅制毒龙"的冥思哲学,一边梦想追求"新丰美酒斗十千,咸阳游侠多少年。相逢意气为君饮,系马高楼垂柳边"的豪杰锐气。

白居易喜欢平易近人的诗风,以让黄发垂髫皆能背诵为乐。为长安,他写下了"天长地久有时尽,此恨绵绵无绝期"的哀婉诗篇。

"长安一片月，万户捣衣声"，长安的夜晚如此回味绵长；
"终南阴岭秀，积雪浮云端"，长安的景致如梦如幻。文人墨客
成了广义的存在，少妇、军人、和尚也都是高妙的诗人。"一入
侯门深似海，从此萧郎是路人"，是长安秀才的痴情低回；"易
求无价宝，难得有情郎"，是长安才女的无奈感叹。"醉卧沙场
君莫笑，古来征战几人回"，塞外的风寒遮挡不住军人的风骨；
"忽如一夜春风来，千树万树梨花开"，边塞军人的浪漫理想和
壮逸情怀喷薄而出。

晚唐时李商隐、杜牧依然吟咏着昔日的情怀，他们被称为
"小李杜"，与前贤李白、杜甫相媲美。

杜牧如此描写长安自然景致的美不胜收：

楼倚霜树外，镜天无一毫。

南山与秋色，气势两相高。

他又如此描述荒诞魔幻的政治现实：

长安回望绣成堆，山顶千门次第开。

一骑红尘妃子笑，无人知是荔枝来。

比之祖居长安少陵原的杜牧，李商隐则更是用诗歌描述了长

安这座城市在衰落的中唐时的诗意：

> 向晚意不适，驱车登古原。
>
> 夕阳无限好，只是近黄昏。

四言绝句还不足以表达他的伤感情绪，因此他还用七言律诗抒发对自己坎坷人生的感慨：

> 锦瑟无端五十弦，一弦一柱思华年。
>
> 庄生晓梦迷蝴蝶，望帝春心托杜鹃。
>
> 沧海月明珠有泪，蓝田日暖玉生烟。
>
> 此情可待成追忆，只是当时已惘然。

人生价值、衣冠文物、多情而伤感的情愫、博大而丰富的思想……盛唐时期自信、骄傲而立体的生活方式，全部通过这些千载传颂的诗句表露出来。

《王维诗意》（局部）　王西京绘

秦砖汉瓦

　　如果说周的《诗经》、汉代大赋、唐朝诗歌代表了盛世的流风余韵，那秦砖汉瓦则是这座城市的筋骨根脉。

　　秦代砖瓦以其颜色青灰、质地坚硬、制作规整、浑厚朴实、形制多样而著称于世，素有"敲之有声，断之无孔"之美誉。秦砖的代表作品"双龙交会"，长206厘米，宽28厘米。图案主题为双龙阴阳交会，表达了深层次阴阳和谐的祥瑞，其构图精心、朴拙古老、气势大美、腾祥飞云、化育万物，在形式上达到了空前的高度和意境。画像两边配图为野猪、舞人、瑞虎、祥鹭、仙鹤及田形纹、回形纹、日形纹等多种图纹。图纹精妙、极尽变化，夸而不饰，饰而不诬，气韵生动。

　　此砖烧制技术非常成熟，火候较高。呈青灰色，质地坚硬，叩之清脆，苍浩旷达，其气派表现出秦帝国不可一世的国威，可谓秦砖之逸品重器。

　　《史记·蒙恬列传》载："始皇二十六年……乃使蒙恬将三十万众，北逐戎狄，收河南，筑长城，因地形，用制险塞，起临洮，至辽东，延袤万余里。于是渡河，据阳山，逶蛇而北。"在高山峻岭之顶端筑起雄伟浩荡、气壮山河的万里长城，其工程之宏大、用砖之多，举世罕见。

秦文化是我们中华民族传统文化的精髓。其艺术特点是率真、质朴、雄浑、粗犷、大气而又细腻，这在秦砖艺术之中得到了充分体现。

汉代瓦当融书法、绘画、雕刻工艺于一身，是实用与艺术相结合的产物。

瓦当即筒瓦之头，其在建筑中首先具有实用价值，即保护屋檐不被风雨侵蚀；同时又富有装饰效果，为建筑增加绚丽辉煌的气势。瓦当的艺术风格具有鲜明的时代特色。与秦代瓦当相比，汉代瓦当拥有更为精美的纹饰，画面也更为生动。王莽时期，有青龙、白虎、朱雀、玄武四神瓦当，是西汉瓦当的代表作。四神瓦当共 4 块，每块大小、分量基本相等。瓦头为圆形，直径 18 厘米；瓦筒呈半圆形，长 10 厘米。青龙、白虎、朱雀、玄武分别代表东西南北 4 个方位，又有驱邪除恶、镇宅吉祥的含义。汉代瓦当造型考究，图像精美，形神兼备，大气磅礴。汉代还有大量的文字瓦当，上面雕刻"千秋万岁""汉并天下""万寿无疆""长乐未央""大吉祥富贵宜侯王"等字样，是当时统治者的意识和愿望的体现。文字瓦当上的字体有小篆、鸟虫篆、隶书、真书等，布局疏密有致，章法茂美，质朴醇厚，充分体现了中国文字之美。

汉代瓦当以其优美的装饰纹样、丰富的文化内涵和文化品格而被后世赞叹，堪称中国古代装饰文化的一朵奇葩。

五墨共舞

长安是一座有风骨的城市，不仅有画圣吴道子、茶圣陆羽，也有书法一代尊师颜真卿、柳公权等书法大家，长安的风骨不仅表现在文学家的千年吟咏之上，也在书法家的挥毫泼墨之中展现得淋漓尽致。

唐代大书法家颜真卿、柳宗元二人的书法被称为"颜筋柳骨"，他们笔下的一个个汉字体现了中国人的精神。

1. 颜真卿

颜真卿，京兆长安（今陕西西安）人。他自幼学问渊博，擅长文章。开元盛世之时，颜真卿科举高中，历任监察御史、殿中侍御史，后因得罪权臣杨国忠，被贬为平原太守，世称"颜平原"。颜真卿秉性正直，笃实纯厚，不阿于权贵，不屈意媚上，刚正有气节，以义烈闻名于时。兴元元年（784 年），颜真卿被朝廷派遣晓谕叛将李希烈，凛然拒贼，终被缢杀，享年 76 岁。

颜真卿的书法初学褚遂良，后又得笔法于张旭，曾与怀素一起探讨书法。他对诸家书法都进行深入研究，吸取长处，创造了新的时代书风。颜真卿的书法雄秀端庄，结字由初唐的瘦长变为方形，方中见圆，具有向心力。用笔浑厚强劲，善用中锋笔法，饶有筋骨，亦有锋芒，一般横画略细，竖画、点、撇与捺略粗。这一书风大气磅礴，丰筋多力，具有盛唐的气象。他的行草书遒劲有力，真情流露，结构沉着，点画飞扬，在王派之后为行草书开一生面。颜真卿的行书遒劲郁勃，这种风格也体现了大唐帝国繁盛开放的风度，并与他高尚的人格契合。

在吐露风华的青年时代，颜真卿就向张旭请教"如何齐于古人"的问题，这是颜氏的书学心声，亦是颜氏高悬的鹄志。这位从小以扫帚在黄土上习字的颜氏苗裔，几乎在一开始就站到一个高耸的书学起点上。

而在书学上鲲鹏展翅，则经过了长达三四十年岁月的历练，才稍成自己的面目与气候。继之又以数十年功力百般锤炼充实，使得"颜体"形神兼具。而其晚年犹求炉火纯青、出神入化的境界，"颜体"终于在书坛巍然屹立。

范文澜《中国通史简编》中说："初唐的欧、虞、褚、薛，只是'二王'书体的继承人，盛唐的颜真卿，才是唐朝新书体的创造者。"颜真卿的楷书，尤其是中年以后的楷书，已形成一种范式，后世学习者极多，甚至有"学书当学颜"的说法。

2. 柳公权

柳公权是今陕西铜川人，晚颜真卿 70 年出生，曾官至少师，因此人称"柳少师"。

柳公权少有才名，元和三年（808 年），时年 29 岁的柳公权

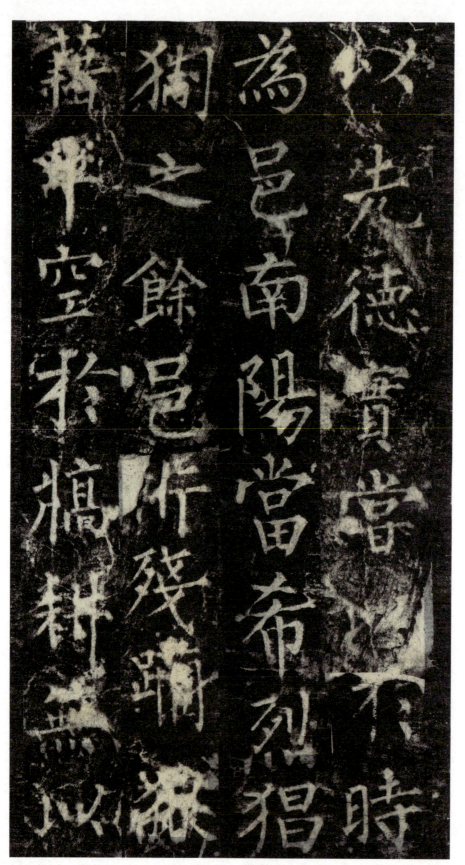

藉　猶　為　以
罪　之　邑　先
空　餘　南　德
於　邑　陽　曹
熇　作　當　尝
耕　殘　希　不
無　蹢　烈　時
以　　　猖

进士及第。唐宪宗死后，穆宗即位，柳公权进京回奏政事，穆宗召见，对他说："我于佛寺见卿笔迹，思之久矣。"

唐穆宗荒淫嗜欲、性情乖僻。他有一次向柳公权询问怎样用笔才能尽善尽美，柳公权回答说："用笔的方法，全在于用心，心正则笔法自然尽善尽美。"穆宗为之改容，明白他这是借用笔之法来进行劝诫。宋代文豪苏轼在诗中赞叹这件事说："何当火急传家法，欲见诚悬笔谏时。"

柳公权历事穆宗、敬宗、文宗三朝，都在宫中担任侍书之职，这是一个闲职。也许是政治上的无欲无求，柳公权的书法才能独树一帜。

柳公权的字取均衡瘦硬，追魏碑斩钉截铁势，点画爽利挺秀，骨力遒劲，结体严紧。"书贵瘦硬方通神"，他的楷书，较之颜体，则稍均匀瘦硬。

他在研究和继承钟繇、王羲之等人楷书风格的基础上，遍阅近代书法，学习颜真卿，融汇自己的新意，自创独树一帜的"柳体"楷书，为后世百代楷模，成为"唐书尚法"的突出代表。

当时的大唐公卿大臣家为先人立碑，如果得不到柳公权亲笔所书的碑文，人们会认为是不孝的。柳公权声誉远播海外，外夷入贡时，也都专门准备钱财来购买柳公权的作品。唐文宗甚至称赞柳公权："钟（钟繇）、王（王羲之）复生，无以加焉！"

3. 于右任

于右任（1879—1964 年）是陕西三原人。清朝光绪二十九年（1903 年）考中举人后，因效法谭嗣同"我自横刀向天笑，去留肝胆两昆仑"，披头散发，光着膀子，右手握刀，请友人拍照留念，表明自己反对清政府统治的决心。于右任在日本见到了仰慕已久的孙中山先生，并加入了同盟会。1907 年创办反清的《神州日报》，之后又先后创办了《民呼报》《民立报》，在辛亥革命中发挥了重要的舆论导向作用。在民众中赢得了"先生一支笔，胜过十万毛瑟枪"的美誉。

于右任精书法，早在 20 世纪 20 年代便有"北于南郑"之称，"南郑"指郑孝胥。于右任的书法在北魏楷书中融入了行书和隶书的笔意，可谓融碑帖于一炉，形成了独特的风格。他尤擅草书，首创"标准草书"，被誉为"旷代草圣"。1932 年于右任在上海创办标准草书社，以易识、易写、准确、美丽为原则，整理、研究与推广草书，整理成系统的草书代表符号，集字编成《标准草书千字文》，影响深远，至今仍在重印。其著作有《右任诗存》《右任文存》《右任墨存》《标准草书千字文》等，他在西安居住的故居距碑林这座书法宝库不远，显然是他精心选择以近水楼台先得月。

于右任又被尊为"近代书圣"，同时也是当代作品数量最多的书法大师。从民国初年起，到于右任逝世为止，半个多世纪

《于右任》 戴信军绘

里，作品数以万计。而在台湾 15 年的时间里，他每天要花上至
少一个小时来满足民间的求字。

　　"葬我于高山之上兮，望我故乡；故乡不可见兮，永不能
忘。葬我于高山之上兮，望我大陆；大陆不可见兮，只有痛哭。
天苍苍，野茫茫，山之上，国有殇！"这首《望故乡》，于右任
先生写于其逝世前两年的 1962 年 1 月 24 日。这是一篇以思念故
乡、渴望祖国统一为主题的杰作。于右任先生的这首血泪涌注、
情激山河的千古绝唱，曾令无数中华儿女动容。

文化陕军

也许是因为十三朝帝都的文化积淀，即使是近代西安已失去作为帝都的政治地位，但文化的鲜血依然在这座城市沸腾。文化圣都的称号可谓当之无愧。

起源于汉代以前的关中皮影戏、源于西周的陕西木偶戏以及色彩浓郁的户县农民画等都是西安文化中色彩斑斓的重要元素。

流行于陕西以及西北等地的秦腔，又称乱弹或梆子腔，是中国戏曲四大声腔中最古老、最丰富、最庞大的声腔体系，以慷慨悲壮见长，与秦人的豪爽重义、激越有情契合。"八百里秦川黄土飞扬，三千万人民吼叫秦腔，调一碗黏面喜气洋洋，没有辣子嘟嘟囔囔。"

以石鲁、赵望云、何海霞为代表的长安画派，在美术史上占据重要地位，当前以刘文西、王西京为领袖的长安风也广受赞誉。

也许是因为这片皇天后土的恩情，西安撑起了中国文学界的一片天空，写就《创业史》《平凡的世界》《白鹿原》《秦腔》《青木川》《最后一个匈奴》的柳青、路遥、陈忠实、贾平凹、叶广芩、高建群……用如椽的大笔记录与反思着这个时代。

丰厚的历史文化积淀孕育了西安的文化艺术。西安辉煌有因

《创业史话》 王西京绘

《红高粱》《霸王别姬》《孔雀》《站直啰！别趴下》《黄河绝恋》《茉莉花开》等旷世神作扬名国际的大导演张艺谋、陈凯歌、顾长卫、黄建新、冯小宁、侯咏等，有创作了《活着》《霸王别姬》等经典电影的编剧芦苇等人；有为《好汉歌》等民族风浓郁的歌曲配乐的音乐大师赵季平，还有创作《歌唱祖国》《让我们荡起双桨》的刘炽；有因《故乡》《时光漫步》《赤裸裸》《灰姑娘》《姑娘漂亮》《英雄泪》等脍炙人口的流行音乐而被称为"诗人歌手"的许巍、郑钧、张楚等；还有活跃在大银幕上的张铁林、郭达、李琦、郭涛、张嘉译、文章、闫妮、尤勇、苗圃等。

画家、作家、戏曲家、民俗艺术家、影视艺术家……他们无不对这座城市满含深情，著名作家贾平凹曾感慨地说："我庆幸这座城在中国的西部，在苍茫的关中平原上，其实只能在中国西部的关中平原上才会有这样的城。"

艮 终南何有

七

《象》曰：时止则止，时行则行，动静不失其时，其道光明。

思想文化是人类精神世界的高山，它们都是因救世而出现，试图回答人是什么、从何处来、到哪里去的根本性大问题。世界是动静辩证的统一，在追寻人类终极答案的道路上，暂时与永恒、幽暗的世界、光明的真理总是相伴前行。终南山，不仅隐藏着动人芬芳的空谷幽兰，而且流淌出人类荒芜心灵世界的一股清泉。

儒学源头

1. 周公制礼

人所共知，儒家是中国文化的血脉主干，但进行更深层的探源，会发现周公是儒家文化的元圣。

今陕西省宝鸡市岐山县，即被季羡林先生称为"周公故里，文明源头"的西岐，是周朝的发源地。周公旦面对周初天下方定的历史危局，用最大的心力，夙夜忧思，完成了周的建国方略，那就是分封宗法、礼乐治国，他和周的先王后王们把国家看作一个和睦的家园，用"推恩"将民众组织起来，用"分封"去开疆拓土。

当中国人信奉"修身、齐家、治国、平天下"的格言，当中国人念叨"读过孔孟之书，必知周公大礼"的时候，都能寻觅到那个充满君子气息的西周国度，并梦想与周公相逢一笑。

如果说文王和武王打下了西周的江山，那么周公无疑是周代王朝建设的总设计师。孔子将周公视为精神导师，司马迁在《太史公自序》中激动地回忆了父亲临终时的嘱托："夫天下称诵周公，言其能论歌文武之德，宣周邵之风，达太王王季之思虑，爰及公刘，以尊后稷也。"可见，周公的榜样力量是激励司马迁完成《史记》创作的重要因素之一。周公作为最伟大的农耕文化的思想家，用双手绘制了 3000 年中国发展的基本蓝图。他是儒家的精神导师，也堪称中华文化道统的元圣。

周公思想的核心是"礼乐治国""明德慎罚""民为邦本"，这正是 3000 年我们中华政治文化的本质与内在的精髓。

周公是周武王姬发的弟弟。他在剪商之战中，"常左翼武王，用事居多"。及至革命成功，武王病死，其子成王年幼，由周公摄政。面对天下未定的乱局，周公领导了平定三监、武庚叛乱的东征，戡乱胜利以后，周公"放牛于桃林之虚，偃干戈，振兵释旅，示天下不复用也"。他呕心沥血，封邦建国、制礼作乐，完成了西周王朝马上得天下到礼乐治天下的成功转型。他的人生事迹被《尚书·大传》精辟概括为："一年救乱，二年克殷，三年践奄，四年建侯卫，五年营成周，六年制礼乐，七年致政成王。"

周王朝因周公而确立了嫡长子继承制度。周公不恋权，明晓退守有道。他摄政称王，最终归政于侄儿周成王。由此确立的嫡长子继承制度具有相对的稳定性和科学性，因此被历代王朝所沿袭。

周公建立了礼乐政治。荀子解释为"乐统同，礼辨异"，也就是在利用血缘关系划分等级秩序的同时，使用和谐思维使得各阶层民众谨守本分，也就是"非礼勿动、非礼勿言、非礼勿视、非礼勿听"，从而实现社会的井然有序及王朝的长治久安。

周公提出了以民为本的天人合一观。"殷鉴不远，在夏后之世"，以周公为代表的周初政治家针对夏、殷突然覆亡的重大历史事件，认真总结经验教训，形成了一场伟大的思想维新运动。针对殷商统治者"天命不变"的思想，周公提出了以民为本的天人合一观："民之所欲，天必从之。"从而寻找到了新的统治民众的思想方法——明德保民，这成为整个中国社会政治伦理思想的根基。

周公以"周易"为主的哲学变易观代替了殷人的"天命不变"思想。金文中的"监"字是会意字，就是在盛了水的器皿中看脸，说明人类早期以水为镜。此字后加"金"为"鉴"，即铜镜。《尚书·酒诰》云："古人有言曰：人无于水监（鉴），当于民监。"就是说统治者不要光用水反察自我，更要以人民作为镜子来检验施政的成果。不难发现，这句话就是广为人知的唐太宗"以铜为镜、以古为镜、以人为镜"名言的发端之源。

周公明确提出"天命靡常"的主张。他认为天命的根据是民众的看法、想法以及他们的愿望。诚如周武王伐商时作的《泰誓》所说："民之所欲，天必从之。"《泰誓》还说："天视自我民视，天听自我民听。"可见周公以为，君权虽然神授，但其基础无疑是来自于老百姓。

周公的天命观念反映的是民众的力量和思想。这是一种"天道远，人道迩"的新型的天人合一观，是周代民本思想的具体阐述。在此基础上，周公提出著名的"明德保民"，此后这一观念成为中国特色的政治伦理思想、统治方法的核心要素。保民，就是保护人民、安抚人民。为寻找统治民众的依据，他提出了统治民众的一个必备的条件——"德"。《礼记·大学》的头一句就说："大学之道，在明明德，在亲民，在止于至善。"周公所提出的"明德保民"主张，后来经儒家继承并代代相承，成为中国数千年的社会政治伦理思想基础。

周公的制礼作乐，给中国人带来了全新的思维方式和统治理念，那就是治大国如烹小鲜，从家族治理中推导出国家统治的经验；周公的退让之道，也呈现了具有现代意义的妥协和双赢政治的璀璨光华。千年以后，我们依然在周公的思维框架下仰望星空。

2. 天人三策

孔子曾经告诫自己的学生"士不可以不弘毅，任重而道远"，比之道家的求仙、佛教的遁世，儒家多了一份家国天下的关怀。

周公之后，孔子、孟子和荀子相继为儒家一代宗师，其思想照耀于春秋战国时期，洞穿黑暗而熠熠生辉。

六国归秦之后，秦始皇以吏为师，在治国理论上以法为教，出现了文化的大劫难时期，以致秦二世而亡。汉惠帝废除大秦暴政的挟书律，开启了书籍面向大众阅读的新时代，从此文化得以复兴。

孔曰成仁，孟曰取义，孔孟之后，儒分为八，纷纷开宗立派，及至西汉初期，治国追求黄老无为政治，儒家依然奄奄不振。据《史记》记载，西汉初年，传习五经的硕儒只有数人：传《诗》，于鲁（今山东西部）有申培公，于齐（山东东部）为辕固生，于燕（今北京）则韩太傅（婴）；传《书》，为济南伏生；传《礼》，则鲁之高堂生；传《易》，则淄川刘歆。数人才能合治一部《诗经》，而且思想迂腐、不合时宜。司马迁曾经批评儒家的理论是："持方枘欲内圜凿，其能入乎？"而促成这一改变，让人对儒家生出"士别三日，当刮目相待"的是居住在长安城的董仲舒。

当时，在升平的表面景象下，西汉社会实已潜藏着严重的危机，急需有为之君起而进行大刀阔斧改革，制祸患于未发，防斯民于土崩；进而结束无为之治，乘仓实财饶之运，大兴文教，再建武功，在足食足兵基础上，去迎接儒家理想中礼乐教化的盛世太平。

董仲舒无疑是一位与时俱进的思想家，当汉武帝下诏征求治国方略时，董仲舒在著名的《举贤良对策》中系统地提出了"天人感应"、"大一统"学说和"罢黜百家，独尊儒术"的主张。董仲舒认为"道之大原出于天"，自然、人事都受制于天命，因此反映天命的政治秩序和政治思想都应该是统一的。董仲舒改造的儒家思想大大维护了汉武帝的集权统治，为当时社会政治和经济的稳定做出了巨大的贡献。

董仲舒在意识形态上调合孔、老而归宗儒本。针对董仲舒的建议，汉武帝先后采取了3项措施，分别是立五经博士、开设太学、确立察举制。

董仲舒在新的历史条件下复兴了被扼杀达百余年之久的儒家文化，而且在新的历史时期融会贯通了中国古典文化中各家各派的思想，把它们整合为一个崭新的思想体系。他的著作后来大都汇集在《春秋繁露》一书中。

相传董仲舒死后，安葬在曲江池附近。汉武帝一日经过今和平门附近时，为表示对董仲舒的尊敬，特别下马步行，于是民间称这里为下马陵，由于陕西话中"下马"二字与"蛤蟆"同音，所以几经流传，便被称作蛤蟆陵。白居易《琵琶行》中有名句"自言本是京城女，家在虾（蛤）蟆陵下住"，蛤蟆陵从此更是闻名遐迩。

儒家的士人多以"士不可以不弘毅，任重而道远"相期许，董子之后，大唐有韩愈、柳宗元的复古运动，大力弘扬儒学。这是因应时局的新儒家思想。当时佛道日炽，儒学衰微，韩愈以复兴儒学为己任，作《原道》，正式提出所谓"尧、舜、禹、汤、文、武、周公、孔、孟"的儒家道统线索，称自己继承了真正的孔孟之道，是儒学的正宗，主张文学要"文以载道"。

3. 横渠先生

大唐之后，关中虽然失去了往日的中心地位，但人们依然心忧天下。张载就是以儒家复兴为己任的热血之士。

张载是大学者程颢、程颐的表叔，世人称其"横渠先生"。他表字子厚，这出自《周易·坤卦》的"天行健，君子以自强不息；地势坤，君子以厚德载物"。自幼他就与儒家结下了不解之缘。

张载少年时便勤奋深思，他的青年时代正是宋廷初建、天下稍安而西夏崛起西陲的时候，"少喜谈兵"的张载曾向当时主持西北防务的范仲淹上书《边议九条》，陈述自己的安国大计，希望建功立业、博取功名。

"先天下之忧而忧，后天下之乐而乐"的范仲淹曾在延州（今陕西延安）军府召见了张载。范仲淹指导张载："儒家自有名教可乐，何事于兵？"希望这个20多岁的年轻人致力于学问，在儒学上多下功夫。

范仲淹的殷殷希望终于让这个年轻人静下心来，张载闭门读书，终于悟出了儒、佛、道互补、互相联系的道理，逐渐建立起自己的"关学"思想体系。

张载谦虚向学，他曾在洛阳与程颢、程颐兄弟论儒家之道，虽然自己是二程的表叔，却谦恭卑逊地与二程探讨对《易经》的见解，当感觉二程见解精辟，不胜欣喜，对听讲的学生说："今见二程深明《易》道，吾所不及，汝辈可师之。"并撤席罢讲，众人无不为其高风亮节而感动萦怀。世人称颂张载"学有本原，四方之学者皆宗之"。

他希望宋王朝政治能够实践"克己复礼"的夏商周三代之道，并曾与急于变法图强的宋神宗、王安石切磋变法更制的举措，并能有所坚守、有所发明。

　　但政治的旋涡让他最终心灰意懒，回到故乡，亦耕亦读成为他人生中最为幸福的生活方式。"俯而读，仰而思。有得则识之，或中夜坐起，取烛以书……"今日位于陕西省宝鸡市眉县城东 26 千米处的横渠镇张载先生祠堂，又称为"横渠书院"，就是昔日张载的讲学之地，来到这里，似乎依然可以感知张载当年"虚气相即"的流风余韵。

　　张载隐居其间，亲自带领学生进行恢复古礼和井田制两项实践。今横渠镇崖下村，仍保留着"横渠八水验井田"的故事遗迹。张载晚年在洛阳病笃，但心系长安，于是抱病返乡，行至关中临潼境内之时与世长辞。

　　张载的"关学"思想，影响深远，是宋代三大理学思潮的重要一支。张载认为，宇宙的本原是气，"太虚无形，气之本体"。他提出"见闻之知"与"德性之知"的区别，见闻之知是由感觉经验得来的，德性之知是由修养获得的精神境界，他主张温和的社会变革，实行井田制，实现均平，富者"不失其富"，贫者"不失其贫"。

　　张载主要提倡的是"民胞物与"的政治思想。他在《西铭》中说："乾称父，坤称母……民，吾同胞；物，吾与也。"乾坤是天地的代称，天地是万物的父母，天、地、人三者混合，处于宇宙之中，因为三者都是"气"聚而成的物，天地之性，就是人之性，因此人类是我的同胞，万物是我的朋友，万物与人的本性是一致的。

　　"为天地立心，为生民立命，为往圣继绝学，为万世开太平。"这四句话是张载所拥有的人生观与伟大的信念，被著名哲学家冯友兰概括为"横渠四句"。

　　"横渠四句"涉及精神价值、生命意义、学统传承、社会理想等多方面的内容，可以视作张载一生的抱负和理想的概括，同时它也是知识分子精神追求和社会担当的心声，千年以后，依然力透纸背，焕发着伟大的生命之光。

佛教中心

　　"竹分丛而合响，草异色而同芳。"李唐王朝奉行开放的宗教政策，儒、释、道在这一国度得到了充分自由的发展。

　　在盛唐时代的长安，有着塔庙始祖、千载圣地、对佛指真身舍利行万世供养的寺庙中枢法门寺，它无疑是佛教的核心庙宇。大唐的天子们对佛指舍利的狂热膜拜，形成了高宗、武后、中宗、肃宗、德宗、宪宗、懿宗和僖宗八帝六迎佛骨的瑰丽奇观。法门寺地宫是迄今最大的塔下地宫，出土了释迦牟尼佛指骨舍利、铜浮屠、八重宝函、银花双轮十二环锡杖等佛教至高宝物，法门寺珍宝馆拥有出土于法门寺地宫的 2000 多件大唐国宝重器，为世界寺庙之最。建于 2004 年的法门寺合十舍利塔，由台湾著名设计师李祖原先生主持设计，塔高 148 米，呈双手合十状，中间有安放佛指舍利的宝塔型建筑，塔内供奉着举世闻名的佛祖释迦牟尼真身舍利，成为新世纪法门寺的标志性建筑。

　　盛唐时代的长安，围绕圣山终南，出现了"长安三千金世界，终南百万玉楼台"的佛学盛况。"一片白云遮不住，满山红叶尽为僧"的法门鼎盛，伴随着大唐气象的风云起落，逐渐在长安形成了三论宗、净土宗、华严宗、法相宗、律宗、密宗六大宗派，完成了佛教中国化、本土化的使命。恰在此时，汉传佛教依

《登慈恩寺》 王犇绘

托中国文化的巨大影响力，又开始整装出发，法雨远播日本、朝鲜、新加坡等东亚及东南亚广大地区。

佛教是人类世界的"荒漠甘泉"，而长安是佛教中国化的根基根脉，是当之无愧的"佛教第二故乡"。

1. 大慈恩寺

大慈恩寺位于西安市内和平门外雁塔路南端，是佛教法相宗的祖庭。寺院创建于唐贞观二十二年（648年）。唐高宗为太子时，为纪念其亡母文德皇后，报答慈母的养育恩德，在隋代无漏寺基础上建造此寺，故名"慈恩"。

慈恩寺地处长安城南风景秀丽的晋昌坊，南望南山，北对大明宫含元殿，东南与烟水明媚的曲江相望，西南与景色旖旎的杏园毗邻，清澈的黄渠从寺前潺潺流过，正合"挟带林泉，各尽形胜"之意。

慈恩寺盛时僧众数千，号称13院近900间房屋，异常雄伟豪华。高僧玄奘为首任上座住持，并在此翻译佛经十余年，因此慈恩寺也成为古长安"三大译场"之一。

今慈恩寺为唐时慈恩寺之塔院。寺内有大雁塔，系唐永徽三年（652年）由玄奘法师为安置从印度带回的经像、舍利，奏请高宗而修建。后于长安元年（701年）重建。现塔高64.5米，共7层，整体由下至上呈方锥形，造型简洁，气势雄浑，是盛唐气象的精魂，也是我国佛教建筑艺术的不朽篇章。唐代诗人岑参写诗歌之曰:"塔势如涌出,孤高耸天宫。登临出世界,蹬道盘虚空。突兀压神州,峥嵘如鬼功。四角碍白日,七层摩苍穹。"

大雁塔有"书法艺术瑰宝"《大唐三藏圣教序》《大唐皇帝述三藏圣教序记》碑,为太宗和高宗为玄奘新译出的佛经撰写的序言和序记,为当时大书法家褚遂良书丹。唐考中进士者可在雁塔下题名赋诗,是为"雁塔题名",白居易曾留下"大雁塔下题名处,十七人中最少年"的得意诗句。

除大慈恩寺外,荐福寺小雁塔和寺内古钟合称为"雁塔晨钟",是著名的关中八景之一。著名的兴教寺因瘗埋玄奘遗骨,也被视为法相宗祖庭之一。此外,铜川的玉华宫也因玄奘在此圆寂而被尊为教派圣地。

2. 大兴善寺

寺庙位于西安城南小寨的兴善寺西街内,是佛教密宗的祖庭。隋时长安称为大兴城,隋文帝在城南建立寺庙,取城名"大兴"二字,而"善"字,据说是因寺址位于靖善坊而来,但也可说取佛教的精髓。

该寺于晋武帝司马炎泰始至泰康年间(265—289年)兴建,初名"遵善寺"。至隋文帝开皇二年(582年)易名"大兴善寺"。开皇二十年(600年),印度僧人那连提黎耶舍、阇那崛多、达摩笈多等人先后来到长安,住于寺内,翻译佛经59部278卷,被称为"开皇三大士"。唐玄宗开元四年至八年(716—720

年），号称"开元三大士"的印度僧人不空、金刚智、善无畏到此传授密宗，大兴善寺因此成为当时长安翻译佛经的三大译场之一，更成为中国佛教密宗的发源地。

其时，该寺与玄都观隔街相对，气势雄浑，《长安志》形象描绘云："寺殿崇广为京之最，号曰大兴佛殿，制度与太庙同。"这些来自异国的高僧，翻译了500多部密宗典籍，把大乘佛教的烦琐理论运用在简化通俗的诵咒祈祷上，他们深信，只要把口诵真言、手结契印和心作观想三密相应相合，就可即身成佛。

大兴善寺有一位高僧，在中国历史上的成就远远大于他在佛教中的地位，著名的英国学者李约瑟在《中国科技史》一书中，称赞他是"中国历史上最伟大的天文学家和数学家之一"，他就是一行和尚。一行在大兴善寺拜善无畏为师，后来成为密宗分支台密的祖师。他更著名的贡献在于，首次实测了地球子午线，而且设计了浑天仪和黄道游仪，整理编订了新历法《大衍历》，他是《中国科技史》中记载的古代中国科技史的唯一的僧人科学家。

大兴善寺可谓是隋朝的最高等皇家寺院，在中印文化交流史上是一个值得纪念的地方。

3. 香积寺

唐代诗人王维的诗歌《过香积寺》久负盛名："不知香积寺，数里入云峰。古木无人径，深山何处钟？泉声咽危石，日色冷青

《兴善寺》　蔡学海绘

松。薄暮空潭曲，安禅制毒龙。"

诗歌中的香积寺位于秦岭终南山下，神禾原西端，长安区郭杜香积寺村，系佛教净土宗祖庭，为纪念高僧善导大师而建。

据《隆禅法师碑》载，唐永隆二年（681年），净土宗的第二代祖师善导和尚入寂，弟子怀恽为其建崇灵塔于神禾原。塔系青砖砌成，壁厚2米，平面正方形，为仿木结构。塔顶因年久残毁，现存11级，高33米。

香积寺名的来历有两种说法：一说唐代寺旁有香积堰水，流入长安城内；另一说来源于佛经"天竺有众香之国，佛名香积"。取名"香积寺"，意把善导比作香积如来。

终南山虽无终南捷径，香积寺中却有香积如来。善导大师（613—681年），又称光明和尚，今山东临淄人，是唐代弘传净土信仰的代表人物，后世称其为"莲宗二祖""高祖"。

善导依据《无量寿经》《观无量寿经》《往生论》等佛教经典，倡导"乘佛愿力"，只念"阿弥陀佛"名号，广招信徒。后在终南山修行，著有《观无量寿佛经疏》《般舟赞》等。在佛教各大宗派中，善导提倡的净土信仰教义和理论最为简单易行，虽然善导的名字并非人人耳熟能详，但他畅言的"阿弥陀佛"却妇孺皆知。净土与禅宗合一，后来成为中国佛教的主流。善导提倡的"阿弥陀佛"则更是佛教徒最为普遍的佛教致敬语。因善导曾经在蓝田悟真寺跰锡，悟真寺也被视为净土宗祖庭。

4.华严寺

华严寺是唐时长安城南樊川八大寺之一，是华严宗的发源地。它位于今西安市长安区的少陵原畔，居高临下，俯瞰樊川。李白描述道："南登杜陵上，北望五陵间。秋水明落日，流光灭远山。"诗人岑参的"寺南几千峰，峰翠青可掬"，道尽其所处位置的绝佳景致。

该寺初建于唐贞观十九年（645 年），无高大殿堂建筑。始终凿原为窟，以安置佛像及供僧众居住，是一座典型的洞窟寺院。

隋朝开皇五年（585 年），长安人杜顺禅师在寺内倡导华严学说。他 18 岁出家，先习禅定，皈依因圣寺珍禅师，学习禅观。因圣寺也是一座窟洞寺，相传珍禅师修寺时，有一只灵犬在洞内衔土，往返劳而不倦。杜顺一生中有不少为人治病、除害行善的事迹，受到当时僧俗的崇敬，这对他传法十分有利。唐太宗慕其盛名，引入内宫隆礼崇敬，赐号"帝心"，所以他又被称为"帝心尊者"。一时后妃、王族、贵臣奉之如生佛。杜顺虽是禅师，但又以华严为业，住锡终南山，为华严宗初祖。杜顺圆寂时，有两只鸟飞入房中，鸣声哀切。杜顺尸身一个月后仍肉色不变，一直有异香飘出，后起塔藏葬。杜顺著有《华严法界观门》。

华严寺内曾有东阁法堂、会圣院及初祖杜顺法师灵塔、二祖智俨法师灵塔、三祖法藏法师灵塔、四祖澄观法师灵塔、五祖宗密法师灵塔和真如塔等建筑。现仅存华严宗初祖杜顺法师灵塔和四祖澄观法师灵塔。

5. 净业寺

净业寺位于西安市长安区之凤凰山（亦称"后庵山"）上。凤凰山山形如凤，地脉龙绵，山势奇古高峻，林壑幽深。净业寺踞处山腰，坐北朝南，东对青华山，西临沣峪河，南望观音、九鼎诸峰，山清水秀，是净心清修的绝佳道场。

净业寺始建于隋末，唐初因高僧道宣修行弘律的道场而闻名，故为佛教律宗发祥地。

道宣（596—667年），俗姓钱，丹徒（今江苏丹徒）人。自幼聪慧，9岁能作赋，15岁出家，20岁受具足戒，道宣律师四方参学，"居无常师，追千里如咫尺；唯法是务，跨关河如一苇；周游晋魏，批阅累于初闻；顾步江淮，缘构彰于道听。遂以立年，方寻铅墨，律仪博要，行事谋猷，图传显于时心，钞疏开于有识；或注或解，引用寄于前经，时抑时扬，专门在于成务"。武德七年（624年），道宣结庐终南，得护法菩萨"彼清官村，故净业寺，地当宝势，道可习成"之示，遂居净业寺。

唐乾封二年（667年），道宣依佛制筑戒坛，依其所制得仪规为诸州沙门20余人传授具足戒。所著《关中创立戒坛图经》成为后世戒坛之模范，佛教各大宗派皆以他所弘传的律学为规仪，并尊道宣为南山律师。

道宣法系最出色的弟子是东渡日本的鉴真和尚。鉴真历经 6 次艰难险阻，在天宝十三载（754 年），以 67 岁高龄成功东渡日本，把盛唐文化与律宗学说带到了扶桑国。

净业寺律宗又称南山宗，该学派主张"以戒为师"，提出了"不杀生、不偷盗、不邪淫、不妄语、不饮酒"5 条基本戒律，并坚持奉行苦行苦修的生活。

如今沧海桑田，依然不变的是僧侣仍然严守佛陀制定的戒律，像道宣祖师倡导的那样，过着苦行僧的生活。

6. 草堂寺

草堂寺位于今西安市鄠邑区圭峰山北麓的草堂镇草堂营村。该寺创建于距今 1600 多年的东晋末年，不仅是佛教三论宗祖庭，还是名闻天下的佛经翻译中心。

草堂寺地胜殊绝，东临沣水，南对终南山圭峰、观音、紫阁、大顶诸峰，景色秀丽，每当日落之际，淡雾青烟弥漫圭峰，情趣盎然。寺内西北有一古井，相传古时常冒青烟，故有"草堂烟雾"的美名，成为关中八景之一。"烟雾空蒙叠嶂生，草堂龙象未分明。钟声缥缈云端出，跨鹤人来玉女迎。"清人朱集义对"草堂烟雾"极尽赞美之辞。

弘始三年（401 年）后秦文桓帝姚兴迎请龟兹高僧鸠摩罗什来长安翻译佛典，并为其建寺。来自异域的鸠摩罗什出身贵族，天资聪慧，7 岁出家学经，每天诵经 3 万句，很快遍读群经，20

多岁已名震天下，被尊为"三藏法师"，他既通梵语，又娴熟汉文，姚兴尊之为国师。由于当时翻译经书的人太多。鸠摩罗什不得不在大寺中建了一间木屋，屋顶以草苫覆盖，这便是"草堂寺"名称的由来。

鸠摩罗什在草堂寺开始了有组织、有计划的世界最大规模的翻译经典活动，从此佛教的汉化过程进入了中国的主流文化，鸠摩罗什成为划时代的人物。因为佛学造诣极深，他领导 3000 弟子，利用 10 余年时间，翻译经律论传 94 部 425 卷，几乎等于中国千余年间译经总数的十分之一，后世与他齐名的只有玄奘一人。

200 年后，唐太宗还曾在诗中描绘昔日译经盛况：

秦朝朗现圣人星，远表吾师德至灵。

十万流沙来振锡，三千弟子共翻经。

鸠摩罗什首次将印度大乘佛教的般若类经典全部完整地译出，对中国佛学的发展起了重要的作用。及至隋唐，高僧吉藏以鸠摩罗什译出的《中论》《百论》《十二门论》3 部论典为依据，创立三论宗，尊鸠摩罗什为始祖，草堂寺作为鸠摩罗什的译经道场，成为三论宗祖庭。

道脉圣地

如果说佛教是伴随丝绸之路的春风传入，那么道教就是勤修内功的中国制造。

天下不复宗周之后，礼崩乐坏，春秋战国百家争鸣，志士仁人纷纷寻找自我，思考济世救民的主张，除了孔孟代表的儒家学说之外，中国的文化道统三位之一的道家思想也在长安这片土地生根发芽了。

1. 大道楼观

处于长安大地的周至楼观台，就是老子昔日问道之地。问道楼观，也成为长安文化中一大标志性现象。这里风景优美，契合道法自然的老庄学派。古籍说它"关中河山百二，以终南为最胜；终南千峰耸翠，以楼观为最佳"。

楼观台总是让人想到一幅千载传承的动情画卷：

一位老人骑着青牛缓缓西行，来到函谷关，把守边关的尹喜见老人器宇不凡，于是让老人阐述大道，这位老人留下 5000 多字就走了，从此不知去向。这个人就是老子。

司马迁说，他不知道老子是谁，但老子"隐君子也"却没有异议。老子，无疑是伟大时代的伟大思考者。

孔子问道于老子，是长安文化的一次重大交融。

孔子道："鸟，我知它能飞；鱼，我知它能游；兽，我知它能走。走者可用网缚之，游者可用钩钓之，飞者可用箭取之，至于龙，吾不知其何以？龙乘风云而上九天也！我所见的老子，其犹龙乎？学识渊深而莫测，志趣高邈而难知；如蛇之随时屈伸，如龙之应时变化。老聃，真我师也！"

老子所著《道德经》以"道"解释宇宙万物的演变，"道"为客观自然规律，同时又具有"独立而不改，周行而不殆"的永恒意义。老子认为一切事物均具有正反两面，"反者道之动"，并能由对立而转化，"正复为奇，善复为妖"，"祸兮福之所倚，福兮祸之所伏"。老子认为世间事物均为"有"与"无"之统一，"有、无相生"，而"无"为基础，"天下万物生于有，有生于无"。"天之道，损有余而补不足，人之道则不然，损不足以奉有余"；"民之饥，以其上食税之多"；"民之轻死，以其上求生之厚"；"民不畏死，奈何以死惧之"。

《道德经》第十二章说"五色令人目盲；五音令人耳聋；五味令人口爽；驰骋畋猎，令人心发狂；难得之货，令人行妨"，他要人们"见素抱朴"，让人不受外界纷纷扰扰的束缚，从而进入自由自在的逍遥境界。

老子讲柔道治国，主张"不诱发人欲，人心就不会乱"。

在中国人的观念中，老子是在函谷关前著作的《道德经》。《道德经》《易经》《论语》被认为是对中国人影响最深远的3

《老子讲经》　魏振选绘

部思想巨著，而其中两部都产生在长安大地。

老子西行出关一直被人们津津乐道。鲁迅先生也对此产生过兴趣，还专门依此创作了故事新编《出关》。老子出关中的"紫气东来"也成为中国文化中的典型意象。更有趣的是，老子骑坐的青牛也成了道教文化中的一个著名的物象，后来成了神仙道士的坐骑，也成了老子的代名词，老子又被称为"青牛师""青牛翁"。

2. 全真重阳

当元帝国的铁蹄纵横世界，"崖山之战"南宋皇帝跳海自杀，纯粹意义上的古中国的道统断绝之时，从终南山下的"活死人墓"走出的王重阳创建了全真教并成为道教的正宗；当成吉思汗射雕的功业蔓延之时，正是全真长春子丘处机的建言，才让他停止了大肆杀戮。在元帝国统治的黑暗时代，发端于长安的全真教为中华道统的传承、提升保留了元气与血脉。

全真道的创立祖师王重阳是咸阳人，又名王喆。重阳祖师青年时代北宋沦亡，金人入侵，民族灾难深重，因而"痛祖国之沦亡，悯民族之不振"。他曾有志于家国天下，但南宋偏安，政治抱负无以施展，在47岁的时候深感"天遣文武之进两无成焉"，于是辞官隐居、弃家外游。约1159年，重阳自称得异人授予内炼真经诀窍，慨然出家，自称"王害疯"，并在终南山下南时村挖掘穴墓，取墓地名"活死人墓"，孤身在墓中修持数年。

其后功德圆满，遂东出潼关，"长于以诗词歌曲劝诱士人，以神奇诡异惊世骇俗"，致力于在山东宁海等地宣讲道家教法。几年时光，先后收马钰、孙不二、谭处端、刘处玄、丘处机、郝大通、王处一，为"全真七子"，建立全真教团。1170年，王重阳与弟子马钰、谭处端、刘处玄、丘处机4人返归关中途中病逝，葬于户县（今西安鄠邑区）祖庵镇。

王重阳糅合儒、道、释思想，主张三教圆融合一。他认为"儒门释户道相通，三教从来一祖风"，因此全真教以道家《道德经》、佛家《般若波罗蜜多心经》、儒家《孝经》为道徒必修的经典。全真教不尚符箓，不事炼丹，也不信早期道教鼓吹的白日飞升说，而是认为修道的根本在于修心，务必除情去欲，达到心地清静、身无挂碍的境界。"人心常许依清静，便是修行真捷径。"全真教因"求返其真"，主张功行双全，以期成仙证真，所以得名"全真"。

由于教义简单易行，重阳死后3年间，全真道传教范围波及陕西、河南、河北、山东大部分北方地区，遍于社会各个阶层。

王重阳的得意弟子长春子丘处机曾经在陕西宝鸡修持7年，创建了全真龙门派。他是全真教于金元时代鼎盛普及的核心人物。

丘处机曾给金章宗"持盈守成"的告诫，并长期担任全真教掌教，因扶危济困、道行精湛而声满天下。"十年苦志忘高卧，万里甘心作远游"，他秉承师祖重阳真人"救世为先务"的教诲，处处实践之。金兴定三年（1219年），蒙古领袖成吉思汗西征途中，闻听丘处机法术高超，可求得长生，乃遣使相召。丘处机率弟子于 1222 年初夏在大雪山（今阿富汗兴都库什山）与成吉思汗相会，向这一代天骄进言"敬天爱民为本""清心寡欲为要"。成吉思汗曾感叹地说："天赐仙翁，以悟朕志。"特赐予丘处机虎符和玺书。在行宫中，成吉思汗对丘处机尊礼备至，不唤其姓名，只称呼"神仙"。

丘处机以中原文化、孔孟之道、全真之行引导成吉思汗。成吉思汗和以后的元帝国能逐渐放弃大肆屠城的毁灭式攻伐，丘处机所起的作用是不可估量的。

金元时代的长安，虽然只是祖国西北的重镇，丧失了中枢地位，但户县的祖庵，仍有各阶层的百姓络绎不绝地前往朝圣，纪念与感恩王重阳、丘处机"济世安民"的功业。

坎

北方佳人 八

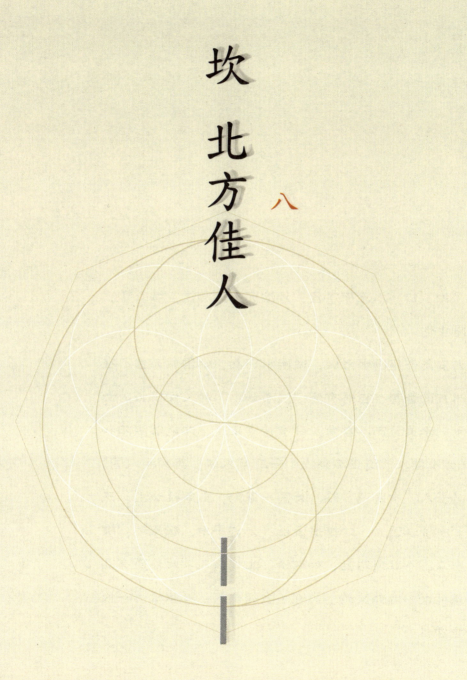

《象》曰：水流而不盈，行险而不失其信，维心亨，乃以刚中也。

西安是一座山水之城，城因水而美，水因城而秀，在水草丰茂的古都，自然有着"温柔如水"的儿女情长。女人如水，水灵慧而不自满，只有持守正道，才能够阴阳和谐。北方有佳人，绝世而独立，一顾倾人城，再顾倾人国。长安的女人，有贤德高雅、为国出塞的，如解忧公主、王昭君；有贤淑温良、才情浪漫的，如许平君、杨玉环；有才能出众、不让须眉的，如怀清、上官婉儿；此外还有品行端正的女中扁鹊义妁、写就《金缕衣》的杜秋娘、一代才女鱼玄机……

秦台怀清

长安城街道上遍植女贞树，如今，女贞花依然年年开满西安城，但秦帝国关于女贞的一段美丽传奇却鲜为人知。宋代学者刘攽在《女贞花》诗中说："巴妇能专利丹穴，始皇称作女怀清。此花即是秦台种，赤玉烧枝擅美名。"说的就是秦帝国的第一女富豪巴寡妇清。虽然她不是长安人，却因做实业而赢得天下芳名。

《史记·货殖列传》记载了这位传奇女性的基本人生轨迹：

> 巴寡妇清，其先得丹穴，而擅其利数世，家亦不訾。清，寡妇也，能守其业，用财自卫，不见侵犯。秦皇帝以为贞妇而客之，为筑女怀清台。

据《史记·货殖列传》，春秋战国时期最有影响的企业家只有范蠡、子贡、白圭、猗顿、郭纵、乌氏倮、巴寡妇清7人载誉青史，礼抗万乘。名显天下的巴寡妇清以女子之身跻身战国七大富豪之列，实在令人叹为观止了。

巴寡妇清，日本学者以为名怀清，巴是巴郡之意，她在丈夫死后，持守家族企业。其家族从事的是丹穴业，也就是采炼丹砂，因掌握了独特的开采和冶炼技术，所以传及数代而不坠，垄断丹砂开采的生意，积聚了数不清的资财。

公元前 316 年，秦国定巴蜀。巴蜀正位于秦国与楚国的交界地带，成为秦国完成统一大业的战略要地，因此秦国的历代君王以及秦始皇都对巴渝地区实行优宠政策，对于当地的豪门大族实行原有的管理办法，允许他们拥有产业、部族和私人武装，怀清家族是地方豪强的代表，理所当然是笼络的对象。

有学者考证，当时怀清家族所在县人口总计 5 万人，而怀清家族的徒附家丁竟占据总人口的五分之一，上万人的企业即使今天也是罕见的。丹砂在当时是一种重要的矿物，其用途非常广泛，既可用来制作朱色颜料，又可用作镇静剂，外科还可用来治疗疥癣等皮肤病，加之朱砂既有毒又防腐，因此古人认为用朱砂炼成金丹可以使人长生不老，常以之作为炼丹的主要材料。秦始皇求长生不老，丹砂显得尤为重要。因此怀清被称之为"丹砂女王"。据推测，她还可能是秦始皇陵里大量水银的主要提供者。

大一统之后，秦始皇对大工商大业主的态度发生转变，怀清以被接到咸阳颐养天年为名，行监视之实。有着天才般经商头脑的怀清此时明白，秦始皇这份至高无上的礼遇，既是殊荣也是牢笼。史书有载，怀清"礼抗万乘"，怀清如何对抗秦始皇的管控，细节已不得而知，但她的气节却赢得了始皇的尊敬。

秦始皇誉怀清为贞妇，绝无二例。秦始皇对怀清的褒奖，最典型的是筑女怀清台。在中国历史上，皇帝为表彰一个女子而筑台纪念，是秦始皇的独创，秦始皇生前对女性给予如此高的评价，亦仅此一例。

在正史中，与秦始皇有关的有身份记载的女性共有 3 位，除了秦始皇的生母外，还有湘水女神和巴寡妇清。秦始皇不管重农抑商之习，不顾当时重男轻女之俗，为怀清修筑怀清台，这是中国古代社会旌表女性之始，是先秦女性包括秦宣太后、始皇帝生母都没有的荣耀。

巴寡妇清应该是最早以自己本名记载于正史的女人。

解忧公主

元狩三年（前 120 年），经过卫青、霍去病的军事打击，大汉帝国劲敌匈奴从此远遁大漠。为进一步巩固战果，取得彻底的胜利，汉武帝决定采取大包围的迂回战略，积极打通西域，对匈奴实施远交近攻，武力与怀柔双管齐下。要繁荣西域，扬威外邦，丝绸之路上势力强大的乌孙国自然成为主要争取对象。

乌孙位于丝绸之路的要冲，在汉与匈奴的较量中至关重要，张骞二度出使西域到达乌孙，表达了汉武帝遣公主下嫁、与乌孙结为兄弟之邦的愿望。

在出使乌孙和亲的细君公主去世后，太初二年（前 103年），乌孙国遣使来到长安，上书汉廷为乌孙王求娶汉家公主，以此延续乌汉联盟。汉武帝答应请求，历史的重任落到了已长大成人的楚王孙女刘解忧身上。

解忧公主出生于元狩三年，虽然号称是皇族楚王之女，但此时解忧公主的家族已经衰败。武帝于是封刘解忧为公主，下嫁乌孙国王岑陬。于是，她踏上了悲壮而漫长的和亲之路。山高水远路漫漫，等待她的是茫茫草原戈壁、凛凛冰雪朔风。

解忧公主到达乌孙之后，被封为右夫人，与左夫人匈奴公主同侍乌孙王岑陬。很大程度上，谁更得宠，乌孙与谁的母国关系便更为亲近——两个女人争的不仅仅是一个男人，更是一个王国，其争斗的惨烈可想而知。

史料如此记载当时的乌孙政局：

> 汉复以楚王戊之孙解忧为公主，妻岑陬。岑陬胡妇子泥靡尚小，岑陬且死，以国与季父大禄子翁归靡，曰："泥靡大，以国归之。"翁归靡既立，号肥王，复尚楚主解忧，生三男两女。

解忧公主始终处在亲汉派和亲匈奴派的矛盾冲突的风口浪尖。因为解忧公主一度无子嗣，而匈奴公主却生了儿子泥靡，更让解忧公主在宫廷王位争夺战的险象环生中处于不利地位。

后来国王岑陬病死，内定继承人泥靡年纪太小，叔叔翁归靡暂时摄政称王，新国王号为"肥王"。

解忧公主从风俗改嫁给新王，并为他生下几个儿女。长子元贵靡更被立为乌孙王储，才使他成为名副其实的乌孙国母，得以主导汉乌之间的友好交往。

在这期间，汉朝与西域各国的交往日益频繁密切，丝绸之路繁荣一时，汉朝的威仪远播天山南北。乃至西域小国莎车在国王去世、无人继位的情况下，迎接解忧公主的次子万年为新国王，龟兹国王绛宾也娶解忧公主长女弟史为妻，他们都以汉室的血统为尊贵。

随同解忧公主一起远赴乌孙的侍女中，有一位非常出色的女性，就是被称为中国历史上第一位女外交家的"冯夫人"冯嫽。冯嫽虽是侍女，但沉着稳健、果决明锐，她不仅陪伴解忧公主度过了在异国他乡的漫长岁月，与解忧在宫廷内外互为犄角之势，更在出现危机的情况下挺身而出，以大汉使节的身份斡旋于西域诸国之间，被乌孙和西域各国尊称为"冯夫人"。

乌孙长期推行的亲汉战略激怒了匈奴，匈奴单于发兵威胁，要求乌孙交出解忧公主，断绝与汉朝的往来。面临困境，解忧公主在本始二年（前 72 年），亲自上书汉宣帝，希望娘家出兵共讨匈奴，大汉遂派常惠统军 15 万，兵分 5 路，合击匈奴，匈奴至此一蹶不振。就这样，通过数十年的苦心经营，汉武帝派张骞出使，并让细君、解忧两位公主下嫁，联合乌孙以夹击匈奴的战略终于圆满实现了。

匈奴的失败使得解忧公主在乌孙国的威望空前，可惜翁归靡去世，而按照前国王岑陬的遗愿，王位是属于匈奴公主所生的王子泥靡的。乌孙贵族最终推举泥靡为新国王，号"狂王"。

解忧公主彻底陷入了孤立无助的境地。

为维护汉在乌孙的势力，解忧公主毅然再嫁狂王泥靡。泥靡残暴凶狠，全国上下怨声载道。解忧公主采用刺杀手段发动政变之策失败，乌孙国中亲匈奴派的势力欲夺取全国，与大汉为敌。在这千钧一发的紧要关头，解忧公主的侍女冯嫽又挺身而出，以自己卓越的见识、出色的口才，以及多年来对西域诸国形势的了解，终于劝说亲匈奴势力与大汉和解。

汉宣帝对解忧公主和冯夫人保家卫国的行为高度赞赏，征召冯嫽万里入朝。冯嫽在汉天子面前侃侃而谈，条理清晰，口若悬河，语语中的。汉宣帝遂委任冯嫽为正式的汉朝使节，持汉朝节杖，代表皇帝出使乌孙及西域诸国。

冯嫽最终不辱使命，多方调节斡旋，终于使乌孙愿意接受汉朝的和平构想。汉甘露元年（前53年），乌孙国一分为二：解忧公主长子元贵靡为乌孙大昆弥（昆弥即国王），统6万户；乌就屠为小昆弥，统4万户。从此战事风波终于平息，汉与乌孙的边境再次迎来平静安宁。

汉甘露三年（前51年），已70岁、在西域生活了50个春秋的解忧公主上书汉宣帝，表示"年老土思，愿得归骸骨，葬汉地"。情词哀切，汉宣帝为之动容，遂派人接回了解忧公主。

红颜离家，皓首归来，解忧公主携3个孙子，终于回到了阔别半个世纪的京都长安。汉宣帝以最高规格接待了这位大汉的功臣。解忧公主在长安安享晚年，最终在此去世。

解忧公主一生波澜壮阔，先后经历汉武帝、汉昭帝、汉宣帝3朝；她在乌孙生活了半个世纪，曾嫁给3任乌孙国王。她在西域的政治舞台上，多次力挽狂澜，心向汉廷，并积极配合母国，遏制匈奴，为加强、巩固汉与西域各国的友好交往做出了突出的贡献。

微时故剑

汉武帝末年发生"巫蛊之祸"，卫子夫和皇太子自杀，嫡曾孙刘病已丧失了皇统嗣位的资格，一度流落在长安民间，几次险些丧命。幸亏有皇太子故旧张贺、丙吉等照顾，才使他求得衣食温饱。

一次，张贺与朋友许广汉见面，知晓其女许平君正待字闺中，酒酣耳热之下，就帮刘病已提亲。广汉慨然答应，其妻原指望母以女贵，坚决不同意这门婚事。但许广汉信守诺言，最终还是让小女过门。刘病已和许平君起于微贱，情趣相投。平君怀胎十月，生下一个儿子，日子平淡温馨。

后刘病已因皇族身份，被权臣霍光拥戴为新皇帝，即汉宣帝。大将军大司马霍光的爱女霍成君是宣帝贵妃，霍家想拥立霍成君为后。

许平君作为平民百姓的女子，面对霍家权势，胜负似乎已定。

刘病已深知自己的皇位来自霍光，这个权势显赫的人物一不高兴就会让帝位倾覆；而皇太后又是霍光的外孙女，与霍成君自然亲近。明确拒绝霍家不行，答应霍家则有违本心。此时已经改名为"刘询"的病已下诏求"微时故剑"。这可以说是历史上最为唯美和浪漫的皇帝诏书。对此，史书记载简单却温暖人心：

> 是时，霍将军有小女，与皇太后有亲，公卿议更立皇后，皆心仪霍将军女，亦未有言。上乃诏求微时故剑，大臣知指，白立许婕妤为皇后。

诏书的详细细节虽无法考证，但在"求微时故剑"短短5个字中，却流淌着这个年轻皇帝对旧爱的款款深情，许平君由此成就了灰姑娘的美好童话。关于许平君的具体形象，史书没有详细记载，但儿子随母，从其子汉元帝刘奭身上，可以看到她的影子。虽然刘奭刚出生时就经历了母亲死亡的血泪，但仇恨并没有腐蚀他，他依旧是一个喜柔仁、多才艺、宽宏温雅的人。

宣帝对许平君的爱是罕见而动人的，这是一种患难之中的依偎，有着生存恐惧下平静的淡淡温暖。宣帝曾经喜欢在长安民间和平君携手玩耍，青梅竹马：斗鸡走狗；数上下诸陵，周遍三辅；尤乐杜、鄠……他们共同经历了长安城寻常百姓夫妻享有的乐趣。

平君一步登天却心态平和，她居住在长定宫，生活节俭而质朴，对太后恪尽孝道，五六天就去拜见一回，并且亲自为太后调制羹汤。

但是在汉宣帝"政事一决于霍光"的时期，许平君和丈夫的"故剑情深"已经大大破坏了强强联合的家天下的皇族惯例。许平君登上皇后之位的第二年，霍光夫人霍显利用她生下小公主坐月子的机会，收买女医淳于衍，下毒害死了皇后。

汉宣帝以"戒急用忍"战略与权臣霍光周旋，霍光死后，族灭霍家，替爱人报仇。他在政治上勤勉奋发，终于迎来了汉家的中兴时代。而家族覆灭的霍成君，也被幽闭在云林馆、昭台宫12载，最终绝望自杀。

许平君被埋在了少陵，当地人称"台台冢"，陵址现高约20多米，与丈夫宣帝的杜陵咫尺相望。西汉时看守陵园的300户许姓人家，逐渐在这里繁衍生息。在今日的长安大兆庞留村，至今流传着这段哀婉动人的传奇。

昭君出塞

昭君出塞发生在汉元帝时期。汉元帝是宣帝之子，柔仁好儒，喜音律而轻女色。在对匈奴的问题上，元帝曾目睹宣帝与第二次朝汉的匈奴单于呼韩邪在甘泉宫的会盟，所以继承父业，与匈奴保持着良好的和谐关系。

永光元年（前 43 年），元帝派遣车骑都尉韩昌和光禄大夫张猛，与呼韩邪同登诺水东山，刑白马，饮血酒，立下盟约"汉与匈奴合为一家"。10 年后，呼韩邪第三次来朝，请求和亲。当时已经病入膏肓的汉元帝主持了和亲之议。由此，宫女王嫱登上了历史舞台。

王嫱，字昭君，南郡秭归县人（今湖北宜昌兴山县）。虽出身平民，但天生丽质，聪慧异常，擅弹琵琶，"蛾眉绝世不可寻，能使花羞在上林"。公元前 36 年，汉元帝选秀女，王昭君为南郡首选，为掖庭待诏。

传说王昭君进宫后，因自恃貌美，不肯贿赂画师毛延寿，毛延寿便在她的画像上点上丧夫落泪痣。昭君被贬入冷宫，无缘见到元帝。此事无正史可考，极有可能是杜撰。王安石《明妃曲》

诗云："归来却怪丹青手，入眼平生几曾有。意态由来画不成，当时枉杀毛延寿。"

元帝诏命和亲之时，王昭君挺身而出，慨然应诏。呼韩邪临辞大会，昭君丰容靓饰，光明汉宫，顾影徘徊，竦动左右。元帝大惊，不知后宫竟有如此美貌之人，意欲留之，而难于失信，便赏给她锦帛、絮及黄金美玉等贵重物品，并亲自送出长安10里。一个从后宫勇敢走出、孤苦无依的女子从此肩负政治使命，走上了不可知的荒漠异国。

王昭君北去匈奴后，被封为"宁胡阏氏"，意为匈奴有了汉女做"阏氏"（王妻）。一年后生下一子，名伊屠智牙师。

建始三年（前31年），呼韩邪单于亡故，王昭君从匈奴"父死，妻其后母"的风俗，嫁给呼韩邪的长子复株累单于，又生二女，长女名须卜居次，次女名当于居次（"居次"意为公主）。

史料记载，王昭君曾经想回到故乡长安，但朝廷从国家大计考虑，拒绝了她的请求，从此史书上再没有关于她的记载。

王昭君去世后，葬于今呼和浩特市南郊，墓依大青山，傍黄河水，后人称之为"青冢"。

《筠廊偶笔》云："王昭君墓无草木，远而望之，冥蒙作青色，故云青冢。"《塞北纪游》中也说："塞外多白沙，空气映之，凡山林村阜，无不黛色横空，若泼浓墨，昭君墓烟垓朦胧，远见数十里外，故曰青冢。"到了晋朝，为避晋太祖司马昭的讳，改称明君，史称"明妃"。

昭君出塞后，汉匈两族团结和睦，国泰民安，"边城晏闭，牛马布野，三世无犬吠之警，黎庶忘干戈之役"，展现出欣欣向荣的和平景象。元代诗人赵介认为王昭君的功劳，不亚于汉朝名将卫青、霍去病。昭君的故事成为我国历史上民族团结的佳话，流传不衰。

《昭君出塞图》 袁贵仁绘

红颜宰辅

2013 年 9 月，考古工作者在西安咸阳国际机场附近发掘了一座唐墓。随着墓志信息的披露，一位空前绝后的红颜宰辅翩然而来，她就是大唐著名的女政治家、诗人上官婉儿。

上官婉儿是一个身份复杂的女人，也是一位绝代才女。她出身名门，可惜刚一出生，家族就遭受了灭顶之灾。公元 665 年，上官婉儿祖父上官仪这位唐高宗时期的宰相，因反对武则天专权而被杀，尚在襁褓之中的婉儿被受罚的母亲带入宫内掖庭为奴，开始了孩提时代的凄惨岁月。据说婉儿在这一阶段健康成长，"有文词，明习吏事"，得益于严格的宫廷教育，等到婉儿豆蔻年华之时，已经是颇为知名的才女了。

仪凤二年（677 年），也就是婉儿 14 岁时，权柄在握的武则天招来这位罪臣之女考察，以示皇恩浩荡。上官婉儿"援笔立成，皆如宿构"。其文章通畅，辞藻华丽，语言优美，真好像是自然天成。武后自然大喜，下令免除婉儿的罪臣奴婢身份，并破格擢拔，让其掌管宫中诏命。从这一年起，上官婉儿这个文弱的女子，进入了朝廷枢机，凭借其聪慧明决、谙习吏事而得到武则天的重用，成为其秉政时期炙手可热的心腹人物。上官婉儿参与武则天称帝的谋划决策，诏诰发布多出其手，堪称智囊。

上官婉儿喜好读书，传说她喜花前读书，尤爱在夏日的傍晚，伴着玉簪花的幽香，细细品味书中的辞章妙句。婉儿更藏书万余卷，书馆所藏之书均以香熏之。婉儿的文章诗歌清新明丽、才思鲜艳、笔气舒爽，被赞为有名士之风。由于婉儿的权势、才情，就连她所谓的"红梅妆"，一时间也广为他人效法。

神龙政变之后，武则天退位。上官婉儿被唐中宗封为昭容，深得中宗、韦后信任，得以继续执掌枢机，上官婉儿"博涉经史，精研文笔"，被认为是连东汉的班昭都不可比拟的大才。婉儿上书天子，劝皇帝设置昭文馆学士，诚召词学之臣。并代大唐天子主持风雅，为朝廷品评天下诗文，一时间词臣多会集婉儿门下，可谓门庭若市。在天子诗会之上，婉儿亦亲自填词，其句优美华贵，时人大多传诵唱和。对大臣所作之诗，婉儿主持评定，名列第一者，赏赐金爵。当时大唐朝廷内外，吟诗作赋，靡然成风，很大程度上是上官婉儿的功劳。

景云元年（710年），唐中宗驾崩，韦皇后意图效仿武则天临朝。上官婉儿与太平公主起草遗诏，欲立李重茂为皇太子、李旦辅政、韦皇后为皇太后摄政，以平衡各方势力。李隆基发动唐隆之变，率禁军官兵攻入宫中，诛杀了韦后和安乐公主。历经数次政变的上官婉儿执烛率宫人迎接，并以遗诏试图证明自己是和李唐宗室站在一起的。但李隆基以为婉儿长期勾结韦后，"颇外通朋党，轻弄权势，朝廷畏之"，将之诛杀。

客观而论，上官婉儿参与政治管理、引领文化风潮，提高了女性的政治、社会地位，堪称盛世传奇。

大唐贵妃

　　唐皇李隆基在政治上把唐王朝带到了新的辉煌，其政治才干令人感佩，其与杨贵妃的爱情故事也成为千古传奇而受到人们的关注。

　　杨玉环的童年是在大唐的歌舞升平中度过的，17 岁时，"资质天挺""天生丽质难自弃"的杨玉环嫁给了寿王李瑁，李隆基曾经赞美这个儿媳妇"含章秀出。"

　　杨玉环的活泼和纯情打动了精神落寞的李隆基，她音乐上"拍数分毫错总知"的天赋和造诣震撼了他，"音韵凄清，飘如云外"迷住了他。此外，杨玉环的才华可以从其存留于《全唐诗》的唯一一首诗歌中窥见一二："罗袖动香香不已，红蕖袅袅秋烟里。轻云岭上乍摇风，嫩柳池边初拂水"。

　　杨玉环的青春曼妙和才华斐然，让一样酷好音律的李隆基引为知音。虽然二人相差 34 岁，并且杨玉环还是玄宗的儿媳，但是这些世俗障碍并不能阻挡李、杨二人的爱情滋长，在华清池见面以后，"玄宗大悦"，李隆基送给玉环金钗盒作为信物。为了让美人留在自己身边，他又通过高力士的精心安排，颇费了一番周折，在天宝四载（745 年）终于名正言顺抱得美人归。杨玉环从此"每倩盼承迎，动移上意，宫中呼为'娘子'，礼数实同皇后"。

《长恨歌诗意》　王西京绘

杨贵妃"恩宠声焰震天下"。李隆基一门心思让玉环欢喜，《国史补》记载："杨贵妃生于蜀，好食荔枝。南海所生，尤胜蜀者，故每岁飞驰以进。"杜牧有"一骑红尘妃子笑，无人知是荔枝来"的讽刺。李隆基特别欣赏杨玉环醉韵残妆之美，常常戏称贵妃醉态为"岂妃子醉，直海棠睡未足耳"！故后世有贵妃醉酒的美谈流传。

"不尽温柔汤泉水，千古风流华清宫。"中国已知的温泉虽然多达几千处，但华清池因温泉水滑洗凝脂，并演绎了唐玄宗与杨贵妃的美丽爱情而名冠诸泉之首，有天下"第一御温泉"的美称。唐玄宗一生中，几乎每年逢冬就去华清池沐浴休闲，先后共计40余次，每次时间长短不一。杨贵妃入华清宫以后，靠着"只有天在上，更无山与齐"的羞花闭月之貌，竟然让这个有为天子在骊山一待就"乐不思蜀"。

天宝三载（744年），李隆基为重建华清宫，特别下诏设会昌县，命令对这座皇家园林重新设计，依山造势，环山建宫。"高高骊山上有宫，朱楼紫殿三四重"，到天宝六载（747年）冬，"李隆基诏令环山列宫殿，宫周筑罗城，赐名'华清宫'，亦名'华清池'"。

今日西安的兴庆宫，在绮丽迷幻的盛唐，和华清池、大明宫并称"三宫"，记载着李、杨二人花前月下的温馨和浪漫，李濬《松窗杂录》载，一次，唐玄宗和杨贵妃在兴庆宫赏牡丹，乐工李龟年率梨园弟子以歌乐助兴。玄宗说："赏名花，对妃子，焉用旧乐词为！"遂命李龟年召翰林学士李白填制新词。李白挥笔立就，写下 3 首《清平调》：

云想衣裳花想容，春风拂槛露华浓。
若非群玉山头见，会向瑶台月下逢。

一枝红艳露凝香，云雨巫山枉断肠。
借问汉宫谁得似？可怜飞燕倚新妆。

名花倾国两相欢，长得君王带笑看。
解释春风无限恨，沉香亭北倚阑干。

唐玄宗还让梨园弟子立刻谱曲，请乐圣李龟年亲自演唱。据说，李隆基本人还现场调玉笛伴奏。

唐玄宗曾经说："朕得杨贵妃，如获至宝也。"这主要还是学识和情趣上的相投。避开政治身份不谈，李隆基和杨玉环的确称得上珠联璧合的艺术情侣。音乐和舞蹈，是二人爱情生活的大部分内容。

唐玄宗"洞晓音律，由之天纵，凡是丝管，必造其妙"，不仅擅长吹奏各种乐器，而且善于谱曲，元稹说玄宗"雅好度曲"。据说有一次，玄宗住在上阳宫，晚上在给自己编的曲子谱曲，正好音乐家李谟经过，于是偷听了玄宗的曲子。后来元宵节灯会，玄宗微服出游，听到酒楼里正在演奏自己的那首曲子，很是吃惊，一问才知，此曲正广为流行。这个故事真假不知，但是玄宗精通音律应该是可信的。不仅如此，据说李隆基还善于弹奏丝弦，而且善击羯鼓，有一次玄宗问音乐家李龟年打断了多少根鼓杖，并且说自己比这个音乐天才打断的还多一些。开元年间，天下大治，唐玄宗亲自挑选 300 名太常乐工子弟，教授其曲，每当演出中出现错误，玄宗"必觉而正之"，这 300 人被他称作"皇帝梨园子弟"，后世因此尊称他为梨园祖师。

杨玉环也是音乐天赋很高的女子，她"资质丰艳，善歌舞，通音律，智算过人"，传说《凉州曲》就是她的作品。她是琵琶高手，其所奏余音绕梁，许多人都拜她为师，连虢国夫人都自称是这个姐姐的"琵琶弟子"，"太真妃最善于击磬，搏拊之音，泠泠然新声，虽太常梨园之能人，莫能加也"。

李杨二人出于对梨园艺术的浓厚兴趣，曾经致力于音乐的整理和创作工作，当时享誉中外的《霓裳羽衣曲》，就是唐玄宗吸收印度《婆罗门曲》创作谱曲而成的。杨玉环通过编排和表演，把这首名曲表现得完美无瑕。据说华清宫里，李隆基第一次宠幸杨贵妃时，双方就是以探讨《霓裳羽衣曲》开始的。

杨贵妃不仅擅长音律，还是胡旋舞高手。唐代在民族政策上的开放，使得大批胡人生活在长安。安禄山是胡人，会跳胡旋舞，而杨玉环居然可以和他并驾齐驱。胡旋舞大概源于西域地区，南北朝时期传入中原，在盛唐时很流行，几乎天下人都在学

《杜常〈华清宫〉诗意》 王犇绘

习这个舞蹈。此舞如同杂技，站在毯子上，旋转身子，很有难度。这一颇具少数民族风情的舞蹈在长安演出时，杨玉环还会亲自上阵，一时传为美谈。

所谓爱屋及乌，在这场爱情中，杨贵妃所在的大家庭获得了不该获得的利益。白居易就描绘说："姊妹弟兄皆列土，可怜光彩生门户。遂令天下父母心，不重生男重生女。"李隆基不仅对杨玉环本人宠爱无匹，而且杨家眷属也纷纷鸡犬升天，史称"开元以来，豪贵雄盛，无如杨氏之比也"。杨玉环的哥哥杨铦，由四品的殿中少监很快被提拔为鸿胪寺卿，再授三品上柱国，并且享受自己家门口竖立戟的特权；仅仅和杨玉环是从兄妹的杨国忠，官运亨通，后来甚至出任丞相。

杨国忠为人骄纵跋扈、贪婪逢迎，《资治通鉴》对他的政治作风有形象的描述：

国忠为人强辩而轻躁，无威仪，既为相，以天下为己任，裁决机务，果敢不疑，居朝廷，攘袂扼腕，公卿以下，颐指气使，莫不震慑，自侍御史至为相，凡领四十余使，台省官有才行时名，不为己用者，皆出之。

杨玉环的3个姐姐，也沾了她这个妹妹的光，纷纷加官晋爵。《旧唐书·后妃传》记载："长曰大姨，封韩国；三姨，封虢国；八姨，封秦国。并承恩泽，出入宫掖，势倾天下。"

据说有一次玄宗游华清池，杨家姊妹"丽人行"，竞比香车美服，"为一犊车，饰以金翠，间以珠玉，一车之费，不下数十万贯"。因为车上珠宝太重，上山时牛拉不动，玄宗只好让众姊妹乘马车，于是杨家姊妹又竞相买名马夸耀。她们一起到杨国忠家，由于阵势场面壮丽，一时引来无数看热闹的人，"虢国门前闹如市"，"杨氏诸姨车斗风"。杨家兄弟姐妹的所作所为为李、杨最后的悲剧埋下了伏笔。

"渔阳鼙鼓动地来，惊破霓裳羽衣曲。九重城阙烟尘生，千乘万骑西南行。翠华摇摇行复止，西出都门百余里。"白居易的诗歌形象道出了在渔阳鼙鼓的地动山摇中，唐王朝的逐渐落幕。李隆基和杨玉环的爱情故事未能完美谢幕，就忽然变奏了。天宝十四载（755年），杨贵妃的"干儿子"安禄山和史思明以"清君侧"为名，带领大军直逼长安。年老而安于享乐的唐玄宗无奈只能落荒西逃，途经马嵬坡时陈玄礼带兵亦发起"清君侧"，斩杀了杨国忠。事变并没有就此罢休，众将士把矛头又指向"红颜祸水"杨贵妃，唐玄宗辩护道："国忠乱朝当诛，然贵妃无罪。"然而无济于事，将士的怒火难以平息。高力士劝谏唐玄宗牺牲贵妃以求保全大局，玄宗无力回天，只能赐贵妃三尺白绫，"宛转蛾眉马前死"，年仅38岁。

《丽人行》（局部） 王珠珠绘

盛世才女

安史之乱后，大唐由盛转衰，长安的光芒暗淡下来。此时杜秋娘和鱼玄机两位才女，在晚唐长安倾尽才情，留下了传奇的芳华故事。

一首《金缕衣》似乎正是在唱给衰落的大唐帝国：

> 劝君莫惜金缕衣，
> 劝君须惜少年时。
> 有花堪折直须折，
> 莫待无花空折枝。

这首诗，来自一个曾经在长安度过美好青春岁月的传奇女子——杜秋娘。

杜秋娘祖籍金陵，自幼天生丽质，杜牧的《杜秋娘诗》描述道："京江水清滑，生女白如脂。其间杜秋者，不劳朱粉施。"在 15 岁的豆蔻年华，杜秋娘嫁给了大唐镇海节度使李锜为妾，与这位皇族夫君庭院深深、夜夜笙歌，过得大概是纸醉金迷般的生活。

其时唐德宗驾崩，李诵继位为顺宗，在位仅 8 个月就禅位给儿子李纯，是为唐宪宗。唐宪宗试图削减节度使的权力，中兴大唐，李锜不满，举兵反叛，结果战乱中被杀。失去夫君的杜秋娘入宫为奴，仍旧当歌舞姬。幸运的是，有一次杜秋娘为宪宗表演《金缕衣》，将宪宗深深吸引，不久，杜秋娘被封为秋妃。宪宗皇帝是安史之乱后最有朝气的大唐天子，他孜孜致力于大唐帝国的重振复兴，在繁重的国事之余，对秋娘一往而情深。杜秋娘不仅是天子的爱妃，还成为他的机要秘书。秋娘以女人的柔情和宽容，弥补了宪宗年轻气盛的缺点，两人常常讨论治国大事，同心协力。

可惜，这种美好的时光总是短暂的，元和十五年（820年），唐宪宗暴死宫中，传言是阉党谋弑。杜秋娘在悲痛哀伤之余，也只能任由此事不了了之。

唐穆宗李恒即位之后，杜秋娘成为皇太子李凑的傅母，她悉心指导皇太子的成长，谨小慎微。其后荒淫无道的唐敬宗李湛即位，不久敬宗也被杀害，杜秋娘眼见宦官势力熏天，感念昔日宪宗的情意绵绵，为大唐的国事日非而暗中垂泪，虽有政治革新的心愿，但秋娘知道自己一介女子，力量微弱，因此与外朝宰相宋申锡暗中联合，计划推自己看大的孩子李凑即位，从而扭转乾坤，重振朝纲。可惜的是，宦官势力无所不在，政变计划还未开始就流产了。杜秋娘被赶出内宫，削籍为民。

杜牧写有《杜秋娘诗》，诗中描述了秋娘后来的生活境况："归来四邻改，茂苑草菲菲。清血洒不尽，仰天知问谁？寒衣一匹素，夜借邻人机。"居住在道观之中的杜秋娘织布缝衣时，织布机却要向邻居借，可见其生活的困窘。

另一位才女鱼玄机约晚唐会昌四年（844年）出生于今日的鄠杜，原名鱼幼微。"昔为童稚不知愁，竹马闲乘绕县游。曾为看花偷出郭，也因逃学暂登楼。"值豆蔻年华，幼微不仅"性聪慧，有才思"，而且"色既倾国，形气幽柔，心淙流散"。

鱼幼微出身娼家，浮萍不能自已，做了状元李亿的妾。李亿状元及第，才华出众，可惜萧郎有豪门正妻，幼微只能委身为妾。一段时间，两人琴瑟和鸣，在玄机的诗歌中就流淌着对这份感情的喜悦与甜蜜：

坚圆净滑一星流，月杖争敲未拟休。

但布衣侧室，终有在人屋檐下的无奈和思之念之的几丝凄楚。夫权体制下，爱妾自然难与正妻相容，幼微只能孤身逃离围城。她在长安城咸宜观出家，道号玄机。那个时候，出家似乎是寻求心灵解脱与自由的女性的一条较理想的出路。书卷、泉声，道学的寡欲天然、见素抱朴，给予她疗伤的润心细致、吐纳呼吸的山水灵气。玄机志慕清虚，平和孤傲且纯净的内心在此得以歇息，"放情休恨无心友，养性空抛苦海波。长者车音门外有，道家书卷枕前多"，浑然之间的悠悠山居，成就着她的一吟一咏。

她看不惯道观中曲意逢迎的小人志趣，自修自悟，卓然倜俛。不安修习的道士、天生丽质的少女、情致瑰丽的诗词，组合一起，新奇而怪诞，芳动西京。一时间，文士名流对其趋之若鹜。玄机索性就此放下身段，鼓琴、赋诗、宴游、赏月，将道学的繁缛抛弃一旁，耽于声色。

玄机也曾有一生中以心相许的男人——大诗人温庭筠。诗歌酬酢的心心相印，让鱼玄机获得了为妾之时无法感知的另一种温暖，他们郊游、唱和，惺惺相惜，玄机曾与温庭筠 "雁飞鱼在水，书信若为传"，并对温庭筠软语哝哝 "苦思搜诗灯下吟，不眠长夜怕寒衾"，但这场忘年恋只能以亦师亦友的身份无果而终。

在与李亿、温庭筠的感情纠葛之际，玄机又遇见了才子李郢，为之倾心，并大胆向李郢表白爱意："无限荷香染暑衣，阮郎何处弄船归？自惭不及鸳鸯侣，犹得双双近钓矶。"在屡屡失败之后，她依然想获得爱情的温暖与安慰。

鱼玄机希望与她平等相待的爱侣 "门前红叶地，不扫待知音"。只可惜，颇负才情的她作为一介女流，在男权主导的社会里一次次碰壁，使得她不得不哀叹 "自恨罗衣掩诗句，举头空羡榜中名"。科举入仕的毫无可能，女子的婚姻附庸地位，漂泊不定的生活，让她日益滑向娼的境地。硝烟弥漫的乱世，盛唐时期女性的自信、自主已然如一江春水东流去，鱼玄机的清新格调、放浪形骸自然成为异数。在一次次的失望终归变成绝望之后，玄机遂有所悟，成就了她最为伟大的诗篇《赠邻女》：

> 羞日遮罗袖，愁春懒起妆。
>
> 易求无价宝，难得有情郎。
>
> 枕上潜垂泪，花间暗断肠。
>
> 自能窥宋玉，何必恨王昌？

从小妾、道士再到平康里的娼妓，鱼玄机挑战社会法则的武器还是她自己的曼妙身体。最终，鱼玄机被京兆尹以打死婢女之罪处死，留给后人的只有"明月照幽隙，清风开短襟"之清雅脱俗的刹那芳华。

兑 百川归海

九

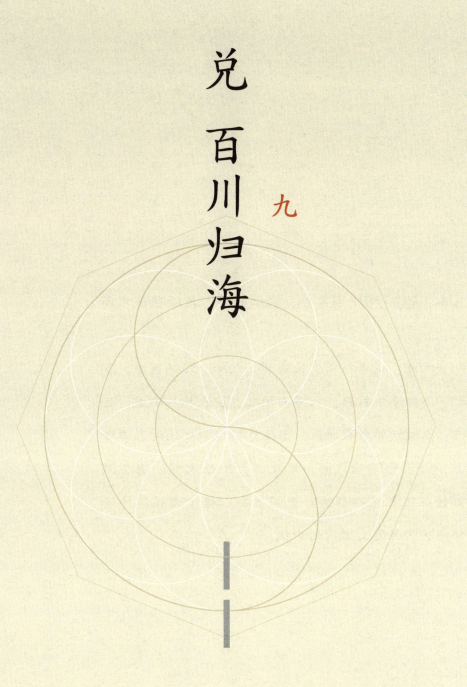

《彖》曰：刚中而柔外，说以利贞，是以顺乎天而应乎人。

刚者天德，悦者人心，民族复兴之际，海纳百川，万国来朝，万物春生秋熟，人得而用之，百姓喜其丰盈，百事亨通，人心自然幸福康乐。西安作为丝绸之路的东方世界起点，一带一路倡议的引擎之城，东西文明、现在未来，都将在这里交相辉映。中国梦和人类命运共同体构建，都将从这里迈出坚实的步伐。

丝路起点

"天道多在西北"，周秦汉唐都曾大力经营西北，负笈远行者代不乏人。

1. 穆王西游

周代经营西北，主要是在穆王时期。

穆王西巡狩，带有武力视察边疆的性质。司马迁在《史记·周本纪》里提到的"穆王将征犬戎，祭公谋父谏曰"，采自《国语·周语》，无疑是真实的史料。这和西周宗周钟等金文所言的"王肇遹省文武堇疆土"反映的情形是一致的，也就是凿通了最初的西域"丝绸之路"。

周原曾经出土两个蚌雕人头像，皆高鼻深目，属白色人种的大月氏、乌孙人，可见，西周时期，中西文明已经彼此交流了。

西晋太康二年（281 年）在汲县战国时魏国王室墓出土了《穆天子传》。据此记载，周穆王由造父驱车，河宗伯夭为向导，从洛阳出发，越漳水，经由河宗之邦、阳纡之山等地，西至昆仑之丘，观春山之宝，历尽千辛万苦，最终到达西王母之邦，和西王母宴饮。

《大唐丝路盛景图》（局部） 雒建安绘

穆王西游逐渐从历史活动发展成文化迁移，是长安文化向外拓展的尝试。

也许是因为其后 500 年中国陷入春秋战国的大分裂，五霸七雄致力于内政，对西北的向往开拓无暇顾及，所以穆王之后，这一广袤而神秘的地区就一直被匈奴人占领。

2. 凿空之旅

西汉王朝经过文景之治，国力日渐强盛。汉武帝刘彻即位以后，歆慕周穆王的不朽功业，也决定一路向西。他放弃了长期坚持的和亲政策，积极致力于打通丝路贸易带。军事上，他重用卫青、霍去病，采用游击兵团的"闪电战"战略，展开对匈奴的进攻。为了策动西域诸国与汉朝联合作战，他悬赏招募人员，联络此前被匈奴人逐出故土的大月氏。

张骞是汉中城固（今陕西城固）人。汉武帝建元元年（前140 年）拜为郎，他少时酷爱探险，在得知朝廷的招募令之后，就应募成为使者。他于建元二年（前 141 年）率领百人的队伍出陇西，经匈奴所控之地，不幸被俘。他在匈奴生活了 10 余年，并且娶妻生子，但始终秉持汉节。后来趁匈奴内乱得以逃脱，西行至大宛，经康居，抵达大月氏。但是大月氏已在新的地方乐不思蜀了，联合抵御匈奴的目的并未达到，张骞只好再至大夏，停留了 1 年多才返回。在归途中，他改从南道，依傍南山，意在避免被匈奴俘获，但仍为匈奴所得，又被拘留了 1 年多。在武帝元朔三年（前 126 年）时，匈奴发生内乱，张骞才得以再次逃脱。几经周折返回长安后，原来出发时的 100 多人仅剩张骞和堂邑父两人了。武帝为张骞一行感动不已，特别授以张骞太中大夫之职。

史书上把张骞的首次西行誉为"凿空"，即空前的探险。这是历史上中国政府派往西域的第一个外交使团。元朔六年（前 123 年），张骞随卫青征匈奴，有功，封博望侯。元狩二年（前 121 年），与李广出右北平（今河北东北部）击匈奴，张骞因迟误军期，当斩，用侯爵赎罪，得免为庶人。后张骞复劝武帝联合乌孙（在今伊犁河流域），武帝乃拜骞为中郎将。元狩四年（前 119 年），张骞率 300 人，携牛羊金帛以万数，出使乌孙。张骞到乌孙，分遣副使往大宛、康居、月氏、大夏等旁国，西域各国也派使节回访长安。乌孙遣使送张骞归汉，并献马报谢。从此，最早的控制西域、制御匈奴，变成了"广地万里，重九译，致殊俗，威德遍于四海"的和平外交了。

元鼎三年（前 114 年），伟大的外交家张骞病卒。他所遣副使相继引西域诸国使者来汉；乌孙后来还积极与汉通婚，并相约共同击破匈奴。汉能通西域，张骞创立首功。此后，汉王朝招募了大量身份低微的商人，利用政府配给的货物，到西域各国经商。这些具有冒险精神的商人中大部分成为富商巨贾，从而吸引了更多人从事丝绸之路上的贸易活动，极大地推动了中原与西域之间的物质文化交流。

《张骞》　顾长平绘

为了进一步加强对西域的控制，汉宣帝神爵二年（前60年），西汉王朝设立了中央对西域的直接管辖机构——西域都护府。以汉朝在西域设立机构为标志，"丝绸之路"这条东西方交流之路开始进入繁荣的时代。

大汉的丝绸之路不仅给中国文明带来巨大的影响，也把中国的文明播向四方。

史料记载，克利奥帕特拉这位埃及艳后是一个中国丝绸爱好者，她曾经穿着丝绸外衣接见使节。丝绸成为罗马人狂热追求的奢侈品，当时的罗马人认为丝绸是从树上摘下来的。7000千米的长路上，丝绸与同样原产中国的瓷器一样，成为当时一个东亚强盛文明的伟大象征。

古代希腊、罗马人称中国为赛里斯国，称中国人为赛里斯人。所谓"赛里斯"即"丝绸"。1877—1912年，德国地质学家李希霍芬在其《中国》一书中，将张骞开辟的这条东西交通大道誉为"丝绸之路"。德国人胡特森在多年研究的基础上，撰写成专著《丝路》，从此，"丝绸之路"这一称谓得到世界的普遍承认。

据传，井渠技术和穿井法也是通过丝绸之路传向西方的。《史记》中记载，贰师将军李广利率兵攻打大宛，利用断绝水源的方式围困城市。然而"宛城中新得汉人知穿井"，因此令大宛人坚持了很长时间。此外，中国古代印刷术也是沿着丝路逐渐西传的技术之一。在敦煌、吐鲁番等地，已经发现了用于雕版印刷的木刻板和部分纸制品。其中唐代的《金刚经》雕版残本如今仍保存于英国大英博物馆。

今日我们喜欢吃的石榴、葡萄、核桃都是张骞开创的"丝绸之路"带来的外国物种，是"丝绸之路"最好的见证。在西安玉祥门外，便有以张骞出使西域事迹为题材的群雕。其实，中西文化交流并不始于张骞的"凿空之旅"，而是开始于更早的中西宗教和贸易互动。但是张骞通使西域开创的"丝绸之路"，更加密切了西汉王朝和今天中亚乃至非洲、欧洲各国的联系，在中西文化经济交流史上写下了光辉的一页。

"年年战骨埋荒外，空见蒲桃入汉家。"丝绸之路的文化交流，可以使人们感受到远方域外文化的新鲜氛围，实现双赢和互补，而这种交流，正是中华文明长盛不衰的重要保证。

3. 玄奘取经

国家间的外交带来了物质文化交流，历代高僧大德的远行求法则引发了民族之间的心灵交融。

朱士行，三国时高僧，法号"八戒"。三国魏嘉平二年（250年），印度高僧昙河迦罗在洛阳译经，顺便于白马寺内设置戒坛。朱士行首先登坛受戒，这一勇敢的举动，让他彪炳青史，成为中国历史上第一位汉族僧人，也是第一位西行取经求法的中土信众。朱士行出家以后，在洛阳钻研佛经《小品般若经》，随着钻之弥坚，他常感到经中义理未尽。

　　甘露五年（260 年），朱士行决意西行求法。他从长安出发，越过茫茫流沙，几经艰辛，去往西域，从西行到东归，历时 20 余年。他求得的经典虽只限于《放光般若经》一种，译文也不完全，但对当时的义学影响却很大。朱士行仅凭一腔热血和满腹真诚，抵达了目的地，开了西行风气之先。

　　更广为人知的是大唐玄奘的西行经历。

　　玄奘是河南偃师人，自幼"备通经典""爱古尚贤"，其后更是"词论典雅，风节贞峻"，面对所学佛学理论的差异，27 岁的时候，年轻的玄奘决定孤身涉险，一路西行取经。

　　玄奘法师的这一冒险之旅，长达 13800 余里，路途中，"上无飞鸟，下无走兽，四顾茫茫，人马俱绝"。玄奘法师以超人的胆略、决绝的勇气，途经今新疆哈密和吐鲁番、乌兹别克斯坦、阿富汗、巴基斯坦等广袤的土地，备尝艰辛。玄奘一路之上刻苦学习梵文经典，四处巡礼佛教遗迹，又先后在印度 10 余个国家留下了足迹，最终到达了印度佛教中心那烂陀寺。

　　玄奘在这一佛教文化中心研修 5 年，跟随导师戒贤法师学习《瑜伽师地论》《顺正理论》《中论》《百论》等佛教无上经典，并游历佛学圣地的山山水水，访师参学，切磋质疑，心中的三藏学问日益纯熟精进。

　　玄奘 42 岁的时候，在印度曲女城主持佛学辩论大会。参会者有五印 18 个国王、3000 位大小乘佛教学者和 2000 名外道人士，规模空前。玄奘谈笑风生，无一人能够诘难，这次盛典之

《玄奘涉远图》 张小琴绘

后，玄奘名震天下，被印度信众尊为"大乘天""解脱天"。其后，玄奘应邀参加 75 天之久的"无遮大会"，亦成为会议的焦点。

西行 17 年，玄奘终于回到魂牵梦绕的长安。他带回 657 部佛经，并受到了唐太宗的隆重接见。太宗一度想让法师陪伴左右，共谋朝政，甚至计划让玄奘经略西域，但玄奘笃志弘传佛法，坚辞不受。

为支持玄奘的弘法大业，唐太宗在长安弘福寺设立译经院，并亲自为玄奘翻译的《瑜伽师地论》作序。唐高宗时代，这位大唐天子支持玄奘建设了大雁塔，用以珍藏从印度带回的佛教经典造像，并像其父太宗皇帝撰《大唐三藏圣教序》那样，为玄奘专门撰写《大唐皇帝述三藏圣教序记》。

其后，玄奘法师把毕生精力投入佛经的翻译大业中，对佛学典籍"截续真，开兹后学"。龙朔三年（663 年），法师翻译出600 多卷皇皇巨著的《大般若经》，次年又翻译出《咒五首》。

玄奘死后，朝野为之恸哭。玄奘初葬于白鹿原畔，后改葬到少陵原下风景秀美的樊川之地，遗骨所在的寺庙被大唐天子尊为"护国兴教寺"。

玄奘法师是中国佛教成就最大的学者之一，又幸运地继承了印度佛教学说，可谓中西合璧的典范。他历尽千辛万苦，万里迢迢去天竺寻求佛法，并撰写了《大唐西域记》，介绍了当时的西部世界，这些作为不仅深远地影响了东亚文化的发展，同时也为东亚文化在世界文化中发挥积极作用奠定了坚实基础。

在中国译经史上，玄奘结束了一个旧时代，开辟了一个新时代。因此，唐玄宗称赞玄奘是"法门领袖、仙露明珠"，鲁迅称之为"民族的脊梁"，梁启超赞美他是"千古一人"，英国历史学家史密斯如此评价：

无论怎么样夸大玄奘的重要性都不为过，中世纪印度的历史漆黑一片，他是唯一的亮光。

如今西安的大雁塔广场，玄奘西行的雕塑吸引了国内外游客。法师"不求得大法，誓不东归一步"的气度和精神，激励着每一个有理想、有追求的中国人。

开元东西

司马迁说："天下熙熙，皆为利来；天下攘攘，皆为利往。"经济是一个国家综合国力的集中体现，周秦汉唐盛世的长安城，自然呈现出民生和谐、欣欣向荣的景象。

长安是中国经济的发源地。秦国献公时期，就在长安"初行为市"，也就是公开允许商人在国都自由从事商业活动，这无疑是取消了朝廷的垄断经营，促进了社会的发展，推动了家族宗法下自由平民的经济和人身解放。"初行为市"的财政政策为秦国的国库带来了大量的收入，使得当时秦国的经济实力倍增。

1963年，考古工作者在秦都的栎阳城遗址发现了大量的秦国金饼及带有"栎市"戳印的陶器，让我们看到了大秦帝国的经济繁荣景象。

"关中布衣，货殖天下，汉唐柜坊，熙攘神州。"唐代经济繁荣、市场兴盛，长安成为国际上最大的经济与文化核心城市。唐是中国历史上社会经济和文化发展的鼎盛时期，同时也是中国少有的"最开放"社会。它所创造的高度物质文明和精神文明，使它成为当时世界上最强大、最开放的国度之一，多元文化在这个帝国得到了最为充分的发展。

　　唐的强大，主要得益于包容的帝国气质。这种自由开放的风气使得盛唐流溢着自信进取的勃勃生气，成就了一个大集成、大开拓的辉煌时代。唐文化体现出来的是一种无所畏惧、无所顾忌的兼容并包的大气派。

　　唐由于有效控制了丝路上的西域和中亚的一些地区，并建立了稳定而有效的统治秩序。西域小国林立的状况基本消除，这样一来，中西贸易之路显得更为畅通。不仅是阿拉伯的商人，印度也开始成为丝路东段重要的一分子。

　　此时，往来于丝绸之路的人们也不再仅仅是西汉时期的商人和士兵，为寻求信仰理念和进行文化交流的人也越来越多。中国大量先进的技术通过各种方式传播到其他国家，而长安则接纳了相当数量的遣唐使及留学生，让他们在此学习中国文化。

　　丝路商贸活动大大激发了唐人的消费欲望，商贸往来首先带给人们的是物质上的富足。丝路商贸活动可谓奇货纷呈，令人眼花缭乱，从外奴、艺人、歌舞伎到家畜、野兽，从皮毛、植物、香料、颜料到金银、珠宝、矿石、金属，从器具、牙角到武器、书籍、乐器，几乎应有尽有。而外来工艺、宗教、风俗等的随之传入更是不胜枚举。这一切都成为唐人尤其是唐时高门大户的消费对象，并形成时尚。

　　1300 年前，中国盛唐时期的长安城中设有东、西两大市场。东市是国内市场，西市是国际市场。西市也称为"金市"，是当时规模宏大、国际贸易繁荣的商业市场。

西市位于唐长安皇城的西南方，始建于隋，兴盛于唐，当时的西市商业贸易西至罗马、东到高丽（今韩国和朝鲜），是占地面积最大、建筑面积最大、业态最发达、辐射面最广的世界贸易中心、时尚娱乐中心和文化交流中心。

西市以其繁荣的市场体系、坚实的经济基础支撑着整个丝绸之路的贸易体系，是丝绸之路真正意义上的起点。丝绸之路作为东西方商贸与文化传播之路，使黄河文明、恒河文明和地中海文明相互碰撞和融合，加速了世界经济社会的发展，影响着人类历史文明的进程。可以说，作为丝路起点的西市，既是外部世界了解长安乃至中国的一个窗口，又是东西方文化交流、贸易往来的重要平台。

李白的《少年行》如此描绘大唐西市的繁荣：

五陵年少金市东，银鞍白马度春风。

落花踏尽游何处，笑入胡姬酒肆中。

杜甫也曾经有"李白斗酒诗百篇，长安市上酒家眠"的千古佳句流传，诸多才子、贵族、社会名流都曾经在西市饮酒娱乐、挥洒才情，大批不同民族的歌姬也在这里尽情展示着才艺。

唐人的财力强大，因此他们本身就有足够的能力去追求超级消费，而丝路商贸活动的发达无非是为他们提供了更多的机遇而

《文明大秦》 刘永杰绘

已。理所当然地，就有许许多多的人竭力囤奇居异，有钱人不仅购置奇珍异宝，而且还尽其可能地在家里蓄养宠物、奴伎。帝王皇族带头，豪绅阔户效之，庶民百姓也以把玩异域奇物为能。美国学者谢弗指出："七世纪（中国）是一个崇尚外来物品的时代，当时追求各种各样的外国奢侈品和奇珍异宝的风气开始从宫廷中传播开来，从而广泛地流行于一般的城市居民阶层之中。"

万国来朝

唐朝实行对外友好交往政策，当时因仰慕唐朝高度的经济文明而前来长安通好的国家和地区多达 300 多个。王维诗句"九天阊阖开宫殿，万国衣冠拜冕旒"，就展示了各国贵客达官云集长安的盛况。当时，甚至外国人也可以谋求官职，这里面最著名的就是日本人阿倍仲麻吕了。他是开元五年（717 年）来到中国的，经过在国子监中五六年的苦读，他和许多从国子监毕业的来自东方和西方的留学生一起，参加了科举考试。从此他脱颖而出，以优异成绩中了进士，并且还被委任官职，后来，又被提升为皇帝的侍从官"左补阙"。唐玄宗对这个日本小伙子十分器重，还专门给他起了个中国名字——晁衡。晁衡后来的官职做到了秘书监兼卫尉卿（职务为管理经籍图书和掌邦国器械文物，从三品）。

晁衡和大诗人李白、王维等人相处非常融洽，结下了深厚的友谊。他们常在一起聚会，品茗饮酒、诗歌唱和。晁衡在大唐度过了自己人生的 40 年。虽然他已经习惯了中国的一切，但他仍然抑制不住深藏在内心的思乡之情，因此向朝廷多次提出回国的请求。唐玄宗感其对故国之诚，任命他为护送第十次日本遣唐使回国的使节，返回日本。长安的诗友得知晁衡将要归国，举行了盛大的宴会为他饯行。酒过三巡，时年 50 余岁的晁衡潸然泪下，

《盛世长安》 刘永杰绘

王维即席写下《送秘书监还日本国》的诗篇。晁衡被王维的友情所打动，起身解下心爱的宝剑相赠，也挥毫赋诗。情意之深，溢于言表。

后来，晁衡渡海遭遇风浪遇难的传闻传到唐朝，在南方漫游的李白知晓后非常难过，写下了《哭晁卿衡》诗："日本晁卿辞帝都，征帆一片绕蓬壶。明月不归沉碧海，白云愁色满苍梧。"写出了对诗友晁衡悲切的思念之情。

在唐人传奇中，有关于虬髯客、昆仑奴风采的描述，这两个人应该都是少数民族，却在大唐一展身手。

不仅少数民族的男儿在这里找到了人生的舞台，就连身处下层社会的少数民族姑娘也得以施展才艺和魅力。"胡姬压酒劝客尝"的"胡姬"，正是那些来自西域或少数民族地区的美丽的妙龄少女。她们以青春靓丽、热情洋溢、大胆奔放、能歌善舞、服务周到而受到欢迎。唐诗中许多篇章都生动地描写了关于她们的场景："五陵年少金市东，银鞍白马度春风。落花踏尽游何处？笑入胡姬酒肆中"，"胡姬貌如花，当垆笑春风。笑春风，舞罗衣，君今不醉将安归"，"妍艳照江头，春风好客留。当垆知妾惯，送酒为郎羞"……

长安是繁荣的商业中心，这一传统自然得益于大唐这一开明帝国的政策，从而孕育了后来的陕商。

及至明清时期，陕商和晋商、徽商，同时并称为中国三大商帮，掌控中国商业数百年之久。陕商拥有极为雄厚的财力，形成贸易垄断集团，经营涉及边茶、水烟、土布、皮毛、药材、盐业、金融等各个领域，均能雄踞一方。民国《西康纪要》一书有载："西康汉商贸易，多操陕人之手。在康定城，茶号陕商居其大半。"陕西商人占据了经营茶马贸易者总量的大半。早在明代，关中地区就不断有人到川藏地区经商，当地把这些人叫作"炉客"，清末民初，鄠县（今陕西西安鄠邑区）的"炉客"已达 3000 余人。

陕商的贸易活动，把中国的商贸经营推向了一个新的高度。陕商秉承仁义礼智信的精神，注重品牌和信誉，打造的都是百年老字号，这种精神，都延续于丝路贸易和东、西两市的帝国繁荣时期。如今的陕商，在继承历史传统的基础上，正走在传承、创新之路上。

复

云胡不喜

《象》曰：出入无疾，朋来无咎。反复其道，七日来复，利有攸往。

从历史中的长安出发，展望未来的东方。大国崛起，国富而民强，四海之内皆兄弟，中华民族的伟大复兴指日可待。

康阜咸宁

作为华夏文明的发源地，西安历史文化的积淀非常厚重，以西安为中心的关中地区，其独特的生活方式和民情风俗可概括为关中十大怪：

面条像裤带，锅盔像锅盖，油泼辣子一道菜，碗盆难分开，手帕头上戴，房子半边盖，姑娘不对外，不坐椅子蹲起来，睡觉枕石块，秦腔不唱吼起来。

源于西安碑林中清代的一块碑石的 "长安八景"，记录了关中地区 8 处著名的文物风景胜地：华岳仙掌、骊山晚照、灞柳风雪、曲江流饮、雁塔晨钟、咸阳古渡、草堂烟雾、太白积雪。

此八景给长安的历史文化增添了丰富的内涵与具体的景象。

"三月三日天气新，长安水边多丽人"，盛唐时节，"月上柳梢头，人约黄昏后"，曲江池头、芙蓉园畔，皆是才子佳人雅集聚会、饮酒而赋诗。清风徐徐，学子雁塔题名，佳人游玩踏青，让美丽的曲江成为一座不夜之城。

曲江位居长安城东南乐游原以南，李商隐曾经在这里吟诵：

《乐游原上树》 孙宏涛绘

向晚意不适，驱车登古原。夕阳无限好，只是近黄昏。

曲江因水流曲折而得名，位处乐游原和少陵原之间，是一片低洼湿地。这里在秦代称恺洲，并修建有离宫"宜春苑"，汉代在这里开渠，修"宜春后苑"和"乐游苑"。隋兴建大兴城时，宇文恺从风水学趋利避害的角度出发，因地制宜，凿其地以为池，并建御苑名"芙蓉园"。

唐代建都长安以后，在隋朝的基础上又进一步把曲江池凿疏为观光游览之地。据记载，唐玄宗时引浐水经黄渠自城外南来，注入曲江，"问渠那得清如许，为有源头活水来"，因黄渠水量丰富，曲江池的水量激增。随着国泰民安的和谐盛世来临，玄宗又为芙蓉园增建楼阁，一时之间，楼台亭榭鳞次栉比，紫云楼、彩霞亭、曲江亭和杏园相继出现，园内总面积约2.4平方千米。全园以水景为主体，一片自然风光，岸线曲折，迤逦如画。曲江池中还种植有荷花、菖蒲等水生植物，亭楼殿阁隐现于花木草丛之间，可谓美不胜收。

唐代曲江池作为长安名胜，定期开放，凡夫百姓均可游玩，以中和（农历二月初一）、上巳（三月初三）最盛，中元（七月十五日）、重阳（九月九日）和每月晦日也是游人如织。

《丽人行》描述的正是上巳节的景象：

三月三日天气新，长安水边多丽人。

态浓意远淑且真，肌理细腻骨肉匀。

绣罗衣裳照暮春，蹙金孔雀银麒麟。

头上何所有？翠微㇉叶垂鬓唇。

背后何所见？珠压腰衱稳称身。

就中云幕椒房亲，赐名大国虢与秦。

紫驼之峰出翠釜，水精之盘行素鳞。

犀箸厌饫久未下，鸾刀缕切空纷纶。

黄门飞鞚不动尘，御厨络绎送八珍。

箫鼓哀吟感鬼神，宾从杂遝实要津。

后来鞍马何逡巡？当轩下马入锦茵。

杨花雪落覆白苹，青鸟飞去衔红巾。

炙手可热势绝伦，慎莫近前丞相嗔。

今日的曲江池，景色更加迷人：

花明夹城道，柳暗曲江头。

风清和鱼跃，鸟鸣接月萌。

山色南湖秀，树影阅美红。

落霞衬玉酒，爱侣依碧舟。

光影摘缤纷，片云掩竹楼。

《曲江胜景》（局部）　杨颖绘

小夏赏心起，茯色悠然升。

林雨香尘挂，今宵美人中。

在"听风小饮"之际，仿佛回到唐朝，听到诗人在低声吟诵：

南山低对紫云楼。

杏园初宴曲江头。

莫上慈恩最高处。

芙蓉园里起清秋。

漫步曲江池头，御林宫宴，虹灯盏盏，盛唐气象万千，令今天的中国人魂牵梦绕。在中国人的内心深处，总有一个"唐人"情结、"长安"情结，因为中国文化的根在这里，中国人在这里"梦回大唐"、重振雄风、再创辉煌。

涅槃展翅

　　"秦中自古帝王都"，西安曾经是世界上最早超过百万人口的国际大都市，唐长安城是中国古代乃至世界古代最大的都城。其在发展的极盛阶段，一直占据着世界中心的地位，吸引了大批的外国使节与朝拜者到来，"西罗马，东长安"是其世界古代历史地位的恰当写照。从"凤鸣岐山"到"孔雀东南飞"，是沧海桑田的变迁；但不能改变的，是这座精神故乡的美丽容颜。

　　抗日卫国战争时，"一寸山河一寸血"，虽然当时的陪都在重庆，但西安成为国共两党共赴国难的枢纽站，西安的八路军办事处扬名中外。

　　"钟山风雨起苍黄，百万雄师过大江"，当人民解放军横渡长江，占领国民政府的首都南京之后，盘踞西安的西北王胡宗南若惊弓之鸟，在这风雨飘摇时刻，只能固守泾渭两河防线，负隅顽抗。

　　1949 年 5 月 16 日，人民解放军第一野战军以摧枯拉朽之势西进关中，仅仅一天的激战，自感大势已去的胡宗南登上远行的飞机，离开了这片沃土，及至 5 月 20 日，解放军第六军占领钟鼓楼。自咸阳强渡渭河到占领市中心钟鼓楼，仅经过 6 个多小时的战斗，人民解放军以只伤亡 57 人的代价，让这座古老的城市

重新回到了人民的怀抱。

中华人民共和国建立以后，西安曾是中央西北局和西北行政委员会所在地，是中央人民政府的直辖市。经过 60 多年的建设和发展，西安已形成门类较为齐全的工业体系和城市服务体系，成为我国重要的科研、高等教育、国防科技工业和高新技术产业基地及辐射中西部地区的金融、科技、教育、旅游、商贸中心。

今日的西安是中国六大国家区域中心城市之一、亚洲知识技术创新中心、新欧亚大陆桥中国段和黄河流域最大的中心城市，也是中国大飞机的制造基地。其科技教育实力仅次于北京、上海，居全国第三位。

2013 年 9 月和 10 月，中国国家主席习近平在出访中亚和东南亚国家期间，先后提出共建"丝绸之路经济带"和"21 世纪海上丝绸之路"的重大倡议，受到国际社会高度关注。

中国提出的这两个符合欧亚大陆经济整合的倡议被合称为"一带一路"倡议。随着这一倡议的顺利实施，西安这座古老的城市也迎来了发展的新机遇。西安古城将在大西安格局和国家中心城市的基础上，全面提升现代化、生态化、国际化水平，建成引领"一带一路"、欧亚合作交流的国家化大都市，努力跻身世界城市、文化名都行列。

西安这座古城蓄势待发，必将如同凤凰涅槃一般，迎来伟大复兴。

后
记

我是长安人，耳濡目染周秦汉唐的衣冠文物，多少也有些
"废都"之下落魄文人的精神优越感，但要对长安十三朝的历史
作传，总觉整体认识欠缺，实在惭愧。

长安的崛起到繁荣、衰败到复兴，也许正如中华文化那样绵
延不绝、薪火相传。周秦汉唐，不是只印在书本上，不是只活在
考古中，而是活在每个长安人的心里，鲜活而生动。

大学时候，在外地读书，一日听到许巍唱的《故乡》："这
是什么地方依然是如此的荒凉，那无尽的旅程如此漫长……"眼
中不由有些湿润，这大概触动了我对长安故乡的爱恋与思念。

人，需要生活，需要梦想，我所选择的历史学专业，具体是
西周史，从青铜器的每一个金文汉字中认识过去，就如同与神交
已久的知心朋友抵掌夜谈。观照长安，就如同在母亲的臂弯中感
受温暖。

撰写这本小册子，实在是莫大的机缘。虽然自己力不从心，
但将自己对长安历史的粗浅认识分享给大家，真是人生的乐事。

追记长安的无上荣耀与光辉岁月，不由想起《圣经》中上

帝曾经在巴别塔下混乱诸人的语言，阻止人类建造的那座城市的故事：

天下人都讲一样的语言，都有一样的口音。诺亚的子孙越来越多，遍布地面，于是向东迁移。在示拿地（古巴比伦附近），他们遇见一片平原，定居下来。他们彼此商量说："来吧，我们要做砖，把砖烧透了。"于是他们拿砖当石头，又拿石漆当灰泥。他们又说："来吧，我们要建造一座城和一座塔，塔顶通天，要传扬我们的名，免得我们分散在全地上。"由于大家语言相通、同心协力，建好的城繁华而美丽，高塔直插云霄。

知道这件事的上帝悄悄地离开天国来到人间，改变并区别开了人类的语言，使他们因为语言不通而分散在各处，那座塔和这座城就半途而废了。

西安是世界上最早的城市之一。它的繁华一定超过了《圣经》中的这座城。

《创世纪》说："耶和华使他们从那里分散在全地上；他们就停工不造那城了。"

中华民族也是从长安分散到全国各地的，等他们成长以后，他们也停工不造长安这座城了。

《圣经》记载：大洪水之后，上帝与人们用彩虹立约，"水就不再泛滥，不再毁坏一切有血肉的活物了"。正是因为上帝发觉自己的誓言受到了怀疑，所以才到人间阻止并废弃了巴别塔与巴比伦城。

长安城的衰落，正在于放弃对"天道多在西北"的坚守，放弃对信念的坚持。我们需要坚守我们相信的，我们需要完成一个约定，谁让这里是我们最初的故乡呢？

要感谢范婷婷、邢美芳编辑对我的信任，正是她们几次相约，才让我得以接手去梳理长安的文脉与传奇，这个过程之美妙已经足以媲美一次旅行。

数月的奋战终于尘埃落定，在敲下初稿最后一个字的时刻，正是黄昏，耳畔响起许巍的歌《我思念的城市》：

我思念的城市已是黄昏，为何我总对你一往情深……风路过的时候，没能吹走这个城市太厚的灰尘；多少次的雨水，从来没有冲掉你那沉重的忧伤……是啊，我想我该出去走走了。

感谢上帝赐予我们这座城市，感谢他赐予我所珍惜和所爱的每一件事情与每一个人。

是为记。

向　辉
2017 年 11 月 6 日